バルジェロ刺繍

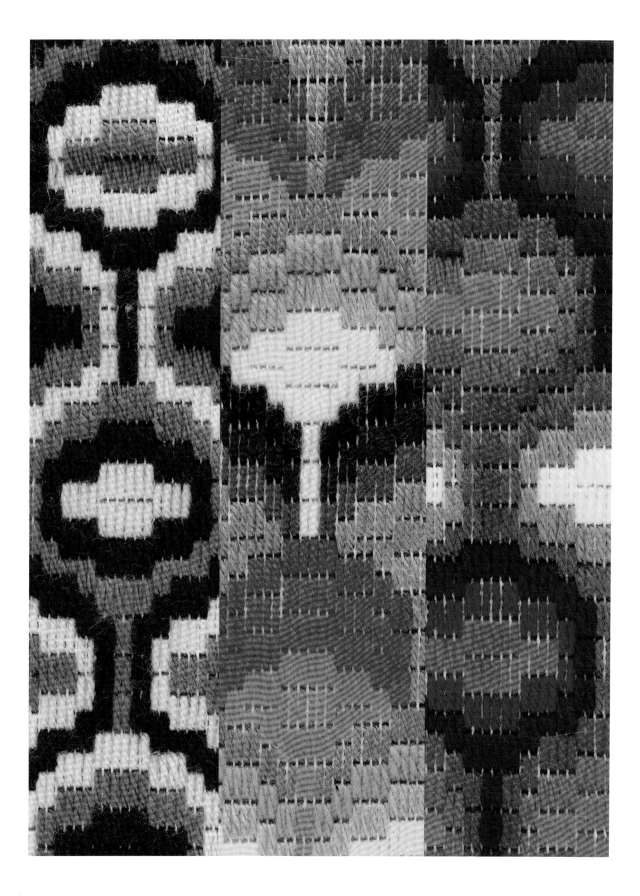

バルジェロ刺繍

基本のステッチと
76点の図案集

ローラ・アンジェル & リンジー・アンジェル　著
土橋のり子　日本語版監修

g

A QUARTO BOOK

Copyright © 2020 Quarto Publishing plc.

Senior Editor: Ruth Patrick
Deputy Art Director: Martina Calvio
Designer: Jacqueline Palmer
Editorial Assistant: Charlene Fernandes
Photography: Phil Wilkins
Illustrator: Kuo Kang Chen
Publisher: Samatha Warrington

This Japanese edition is published in Japan in 2021 by Graphic-sha Publishing Co., Ltd. 1-14-17 Kudankita, Chiyodaku,Tokyo 102-0073, Japan
Japanese translation © 2021 Graphic-sha Publishing Co., Ltd.

Japanese edition creative team
Supervisor: Noriko Tsuchihashi
Translation: Nobuko Kondo-Calisher
Cover design and text layout: Aya Onda
Editing: Atsuko Sudo
Publishing coordination: Senna Tateyama (Graphic-sha Publishing)

ISBN978-4-7661-3440-7 C2077
Printed in China

CONTENTS

この本では、刺繍を刺した見本のことをサンプラー、ステッチの刺し方を示したものをパターン、刺繍の図案を表したものをチャートと呼んでいます。

バルジェロ・シスターズの紹介

Laura Angell （ローラ・アンジェル）
アイルランド西部を拠点とする現代美術家

私の作品は、国内外で紹介されているほか、公立や私立のコレクションにも収蔵されています。ファッションと芸術を学んだ私は、そこで培ったことを作品に生かしました。昔ながらの技法やクラフトの手法に自分らしさを加えて、新たな手法へと進化させられないかを常に考えています。バルジェロと出会ったのは、新しいアイデアや技法を探していたとき。偶然でした。ほとんど何も資料がないなか、インターネットで見つけたわずかなイメージ画像を頼りに、手探りで作品を作り始めました。こうして私のバルジェロの旅がスタートしたのです。当時、情報を得ようにも手段がなかったことから、何とか役に立てればという思いからこの本が生まれました。

バルジェロは、いったん基本を学べば、自分のアイデアを加えて楽しめます。可能性は無限です。色やテクスチャーのさまざまな組み合わせを試して、工夫してみてください。バルジェロは楽しいだけでなく、リラックス効果もあるのです。完成した作品はもちろん、作品を作り上げていく過程も、あなたの心を満たしてくれることでしょう。

Lynsey Angell （リンジー・アンジェル）
イギリス北部を拠点に活躍するクラフター、ライター

私はものを作ったり、創造したり、修復したりすることが大好き。アーティストのアシスタントとして働く傍ら、自分自身のプロジェクトも手がけています。振り返ると、クロスステッチのサンプラーを練習するような子どもでした。そんな私のバルジェルに対する情熱は高まるばかり。今や独自のデザインや色のアイデアを考え、共有したいと思うほどです。

ローラとリンジーはバルジェロ・シスターズとして一緒に活動しています。

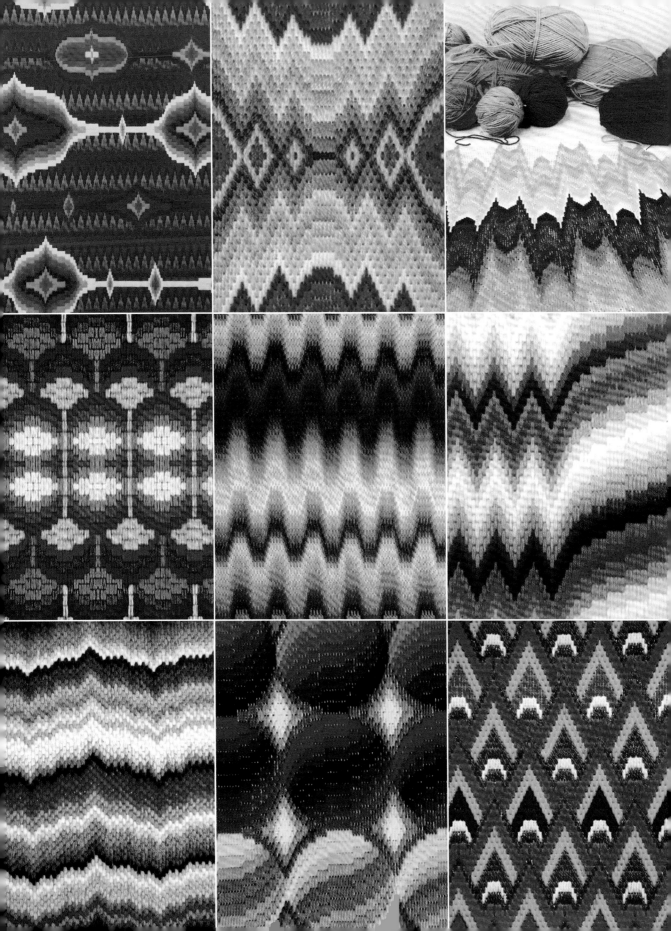

はじめに

バルジェロの始まりは謎に包まれていて、その起源についても諸説あり、はっきり
した歴史も記録として残されていません。別名フローレンタイン、フレーム・ステッ
チ、ロング・ステッチ、ハンガリアン・ポイントとしても知られるバルジェロ。一
般に伝わるその起源はとてもロマンチックです。15世紀にメディチ家の貴族と結婚
したハンガリー人の女性が嫁ぐ際にもたらしたといわれています。フィレンツェの
バルジェロ美術館には、初期の作品であるチェアカバーが展示されていますが、そ
の技法に関しては歴史的な資料は見つかっていません。

バルジェロは、ステッチの目数を数えて、独特のパターンを繰り返す刺繍です。こ
うしたタイプのニードルポイント（キャンバスの全体をひと目ずつ刺し埋める刺繍
の技法）は、通常ウールの毛糸をキャンバス上で上下に刺していきます。長い間、
タペストリー用の毛糸が使われてきていますが、テクスチャーの違いを出すため、
あるいは、経済的な選択肢として、それ以外の毛糸や糸が使われることもあります。
中世までさかのぼるその起源を尊重しつつ、アールデコやアメリカーナ、ロココ、
1970年代の色を取り入れながら、21世紀のバルジェロを創り上げていくこと、それ
が私たちの思いです。

伝統的にバルジェロは色の陰影をうまく取り入れる技法が用いられ、同様の色味を
帯状にしてグラデーションを表すことが多い刺繍です。バルジェロを始めるには、
まずこの技法をしっかり学ぶことをおすすめします。とはいうものの、ルールにと
らわれず、一緒に使ったら素敵だなと思える色があればぜひ取り入れてみてくださ
い。補完的な色に加え、ラメ入り毛糸や、テキスタイル・ヤーン（織物用の糸）の
組み合わせもあるでしょう。パターンと同じくらい色を楽しむこと、それがバルジェ
ロの魅力です。

パターンには、大きく分けて2つのカテゴリーがあります。1つはキャンバス全体
にカーブやジグザグをデザインするもの。もう1つはモチーフやメダリオン（円形
模様）をデザインするものです。どちらの場合も、ステッチの目数の長さは同じで
す。例外は目数の少ないステッチの間に目数の多いステッチを混ぜるハンガリアン・
ポイント・デザインや、ダイヤモンドを形づくるスコティッシュ・ステッチです。

バルジェロは、装飾用のパネルや大きな壁掛け、クッションやチェアパッドなどの
インテリア、バッグやベルトといったファッション小物におすすめです。バルジェ
ロを使えば、椅子の張替えやお気に入りの洋服をさらにおしゃれにすることもでき
ますよ。

リズミカルに数えるステッチ、気分をあげる色づかい……。美しい作品を作り上げ
ていくなかで満足感が得られ、大きな癒し効果があることも知られているバルジェ
ロ。うれしいことに趣味としてもお金がかからず、手に入れやすい材料や用具で楽
しめます。私たちのバルジェロ・ジャーニーも、1本のタペストリー針、数種類の
余り毛糸、鉛筆と定規から始まりました。ほかには何も必要なかったのですから。
とはいえ、今では私たちの毛糸コレクションは、バルジェロを始めたときには想像
もつかなかったほど膨大な量になってしまったのですけれど。

用具と材料

バルジェロ刺繍のよさはお金をかけずに手軽に始められること。
使う用具は、この刺繍が始まった当時とあまり変わっておらず、
手芸店や百貨店の手芸品売り場、オンラインショップで簡単に見つけられます。

基本の用具と材料は、タペストリー針、刺繍用の布、鉛筆と定規、はさみと数種類の
毛糸です。刺繍用の布のモノキャンバスまたはデュオキャンバス（プラスチック製で
ないもの）を使用する場合は、刺繍する場所を特定して布をピンと張って作業できる
ように、刺繍枠を用いる刺繍愛好家も多くいます。指ぬきは、ご自身の刺し方に合わ
せて、使うかどうかを決めてください。出来上がった作品を飾ったり使ったりするた
めの仕上げのテクニックについては後ほど説明しますが、スチームアイロンを使って
作品をブロックする方法（p.13 参照）やタッカー（固定用工具）を使ってしっかりし
た枠に取りつける方法（p.24 参照）があります。

針

タペストリー針は、針先が丸く、針の穴が大
きいのが特徴です。DK（合太）毛糸と太め（チャ
ンキー）のウールを用いる際にはすべて 16 番
を、織目の細かいキャンバス、2 ply、ラメ入
り糸を用いる際には 22 番を使用します。

指ぬき

粗い織りと針から手を保護し、生地を指の汚
れから守るために使用します。指ぬきを使わ
ない刺繍愛好家もいるので、お好みによって
使うかどうかを決めるとよいでしょう。

定規

用具の中で最も重要なのが定規です。バルジェ
ロの練習中は、チェックしてもしきれないと思
えるほど頻繁にステッチの並びを確認しないと
いけません。「間違いがないか今確認しておけ
ば、後で手間のかかる刺し直しをしないで済
む」というのが私たちのモットーですから！
ステッチをよく見て数えられるように透明の
30cm の定規をおすすめします。

鉛筆

作業の準備として、キャンバスの中心に印をつ
けて、デザインの複雑さに応じて区分けしてお
くと便利です。鉛筆だと刺し目から透けて見え
ませんし、また消すこともできるので、ペンよ
りおすすめです。

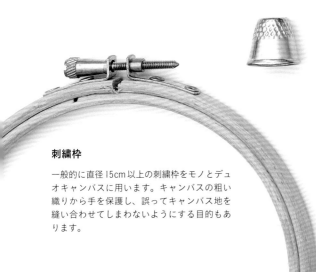

刺繍枠

一般的に直径 15cm 以上の刺繍枠をモノとデュ
オキャンバスに用います。キャンバスの粗い
織りから手を保護し、誤ってキャンバス地を
縫い合わせてしまわないようにする目的もあ
ります。

はさみ

頻繁に糸を切る作業が発生するので、手入れ
の行き届いた小さめのはさみは必ず用意しま
しょう。刃の長さが最長 5cm のものをおすす
めします。キャンバスを裁断する際には、刃
の長いもの（10cm）を使います。

YARNS 毛糸

作品制作の準備で間違いなく一番楽しいのは
毛糸選びの作業でしょう。
私たちのルールに従うと、
"針穴に通せる糸＝ステッチに使えるもの"です。

扱いやすく、均一な仕上げを維持できる素材だと
いう理由から、タペストリーウールしか使わない
という刺繍愛好家は多いです。ただ、タペストリー
ウールは色の選択肢が限られていて、特に大きな
部分で使用するには高価になってしまいます。使
う糸について、私たちはルールを設けないことに
しました。毛糸の色や質感は実にさまざまで、ど
れも使ってみたいほど魅力的です。新しい質感や
色合いをバルジェロに取り入れることで、私たち
はこの刺繍をまったく新しいものとしてよみがえ
らせることができました。その方法についてもみ
なさんにご紹介したいと思います。

DK（合太）アクリルとコットン

標準的な8plyの手編み用毛糸です。アクリルは色の種類
が一番豊富で、強度があり、90cmぐらいの長さでも伸び
ずに使えます。コットンの糸は絡みやすいので長さを半分
ぐらいに短くして使うとよいでしょう。

機械編み用の毛糸

通常2plyと4plyがあり、巻き糸のコーンになっています。
機械編み用の毛糸は、より小さなゲージのモノキャンバス
（14CT以上）に使用したり、2本どりにしたりしてDKと
して使用することもできます。

ラメ入り毛糸とルレックス毛糸

2plyと4plyの毛糸と同じように使えます。作品にちょっ
としたきらめきを取り入れるのも素敵です。

スーパーチャンキー（極太）

ウールとアクリルがあるスーパーチャンキーは、10CTか
それ以上のキャンバスでのみ使用できる毛糸です。プラス
チックのキャンバス地によくなじんで、隙間なくカバーし
てくれます。

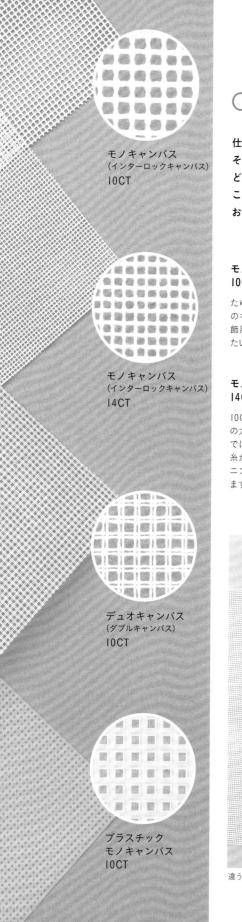

モノキャンバス
(インターロックキャンバス)
10CT

モノキャンバス
(インターロックキャンバス)
14CT

デュオキャンバス
(ダブルキャンバス)
10CT

プラスチック
モノキャンバス
10CT

CANVAS キャンバス

仕上がりを均一にするには糸を数えることはとても重要です。
その作業がしやすいモノキャンバス10CTをこの本のサンプラーに使用しました。
どのキャンバスを選ぶかは、何を作るかで変わってきます。
ここでは、この本に登場するデザインを試すときに
おすすめの主なキャンバスをタイプ別に紹介しましょう。

モノキャンバス（インターロックキャンバス）10CT（10cm あたり 40 目）

たゆみにくく、適度な硬さがある万能タイプのキャンバスといえるでしょう。壁掛け、装飾用パネル、多くの一般用途に向いていて、たいていの毛糸が使える多様性のある素材です。

モノキャンバス（インターロックキャンバス）14CT（10cm あたり 56 目）

10CT と 14CT との違いは、14CT のメッシュの大きさが、10CT より小さいということだけではありません。より細かいステッチや細い糸が使えるので、ハンドバッグ、財布、イブニングバッグなどの小さめの作品に向いています。

デュオキャンバス（ダブルキャンバス）10CT

名前のデュオ（二重）が示すように、このキャンバスはマス目を構成するための糸が 2 本どりになっています。モノキャンバスほど硬くなく、椅子のクッションなどの室内装飾品やクッションカバーなどにおすすめです。ほとんどの毛糸に適しています。

プラスチックモノキャンバス 10CT

硬めのシートで、色々なサイズがあり、初心者の練習用に適しています。ランチョンマット、装飾された箱、大きめのバッグ、さらにはイヤリングなど、硬さが求められるものを作るときに使われるものです。

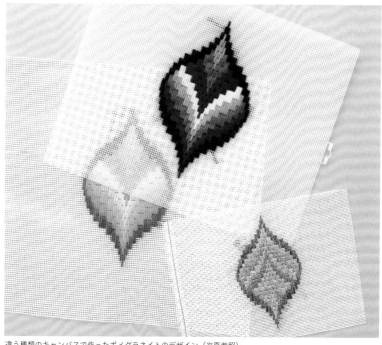

違う種類のキャンバスで作ったポメグラネイトのデザイン（次頁参照）。

キャンバスと糸の使用例

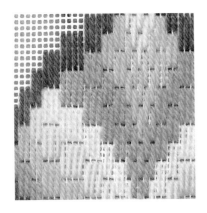

モノキャンバス 10CT を使用

クラフトショップで手に入るティール（緑がかった青色）の補色の色合いで、アクリルのDK毛糸を使って仕上げました。コットンDKや天然ウールでも作れます。

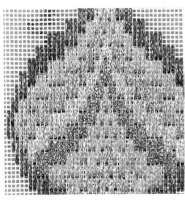

モノキャンバス 14CT を使用

ラメ入り毛糸（ポリエステル／ビスコース）のみを使って作られたこのポメグラネイト（p.68 参照）は、より細かいキャンバスと糸の組み合わせで繊細さを強調しました。2 ply と 4 ply の機械編み用の毛糸やルレックス毛糸も使えます。

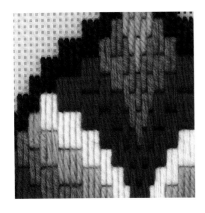

プラスチックモノキャンバスを使用

しっかりしたプラスチック製は、スーパーチャンキー（極太）アクリルやコットン糸に最適です。アラン、ブークレ、マルチスレッド毛糸にも向いていますが、細目の毛糸は、このメッシュでは目立たなくなってしまう可能性があります。

BLOCKING
ブロッキング

ブロッキングのテクニックを使えば、出来上がった作品にしっかりした張りが均等に加わり、まるでプロが仕上げた作品のような見ためを作り上げることができます。スチームアイロンとタオルを 2 枚用意してください。タオルの間に作品を挟み、アイロンを中〜高温度に設定します。スチーム設定を利用して、作品がパリッと平らになるように、そっとアイロンをあててください。アイロンの温度設定が高すぎると糸が溶けてしまうので、ラメ入りの糸を使った作品をブロッキングするときは特に注意が必要です。

第 1 章

バルジェロの
基本ステッチ

タペストリー針とモノキャンバスの準備はよろしいですか？
では、バルジェロの世界へと漕ぎ出す素敵な旅にお連れしましょう。
みなさんが自信を持ってあらゆるデザインに取り組めるように
この章では、基本的なブリック・ステッチからカーブ・ステッチ、
そして刺し埋めるためのより複雑なステッチまで、
作品で使われるすべてのステッチを紹介しています。

CLIMBING BRICK STITCH
クライミング・ブリック・ステッチ

ゴベリン・フィリング・ステッチとも呼ばれるクライミング・ブリック・ステッチは、バルジェロの基本です。簡単にマスターでき、カーブやフレーム、ハンガリアン・ステッチのベースとして使われるほか、帯状にしたり、額縁のように枠付けしたり、背景を埋める際に使われることもあります。

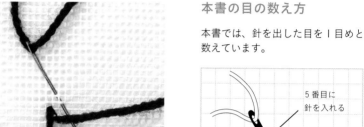

本書の目の数え方

本書では、針を出した目を1目めと数えています。

針を出した最初（1番目）のマス目から、上方向に3目あけ、5番目のマス目に入れます。その目を起点に右隣の列の2段下から針を出します。

1 針に糸を通してモノキャンバスに通します（＊）。針を出した最初（1番目）のマス目から、上方向に3目あけ、5番目のマス目に入れます。その目を起点に右隣の列の2段下から針を出します。この位置は、最初に刺した5目のステッチの真ん中のマス目です。糸を引きます。

＊刺し始めの方法はp.158をご覧ください。

2 次に上方向に3目あけ、5番目のマス目に針を入れます。その目を起点に右隣の列の2段下から針を出し、糸を引きます。

3 工程2を繰り返します。この時点で、均一なクライミング・ステッチのデザインがだんだんと見えてきます。

4 必要なステッチ数に応じて、工程2を繰り返していきます。同じ色や違う色で、下の段に同じ工程を繰り返していけば、ブリック（レンガ）・ステッチの名の通り、レンガの壁のような模様が出来上がります。

PARALLEL BRICK STITCH
パラレル・ブリック・ステッチ

バルジェロ・ステッチの中ではシンプルなものの１つです。帯状や縁取りに用いるほか、バンド（帯）をベースにした大きめのデザインにも向いています。このステッチの練習を重ねれば、次のカーブ・ステッチに進む際にも役に立つでしょう。

1 針に糸を通してモノキャンバスに通します（＊）。針を出した最初（１番目）のマス目から、上方向に３目あけ、５番目のマス目に針を入れます。その目を起点に右隣の列の４段下から針を出します。この位置は、最初の列のステッチの１番目のマス目の隣です。糸を引きます。

＊刺し始めの方法は p.158 をご覧ください。

2 次の列でも上方向５番目のマス目に針を入れたら、その目を起点に右隣の列の４段下から針を出すことを繰り返します。糸を引っ張り、刺した面が均一になるようにします。

3 デザインの最後まで同じ手順でステッチを繰り返すと、この時点で、きれいな帯状のステッチがだんだんと見えてきます。糸がもたつかないように、一針刺すごとに糸を引いて張りが均一になるようにします。

4 必要なステッチ数に応じて、工程２を繰り返していきます。同じ色や違う色で、下の段に同じ工程を繰り返していけば、複数色のバンドが出来上がります。

CURVE STITCH
カーブ・ステッチ

モチーフをベースにしたデザインによく用いられるカーブ・ステッチは、中上級レベルの複雑なデザインに取り組む際に欠かせないステッチです。フレーム・ステッチ（p.21 参照）と同様に、一連のパラレル・ステッチ（注1）とクライミング・ステッチ（注2）で構成されています。このステッチを習得すれば、円や楕円をさまざまな大きさや形状で作れるようになるでしょう。

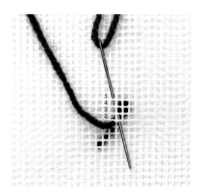

1 針に糸を通してモノキャンバスに通します（＊）。針を出した最初（1番目）のマス目から、上方向に3目あけ、5番目のマス目に針を入れ、その目を起点に右隣の列の4段下から針を出します。この位置は、最初の列のステッチの1番目のマス目の隣です。糸を引きます。

＊刺し始めの方法は p.158 をご覧ください。

2 糸がもたつかないように、一針刺すごとに糸を引いて張りが均一になるようにし、同じステッチをさらに3回繰り返し、同じ長さのステッチを4本並べます。5つ目のステッチは右隣の列の2段下から針を出します。この位置は、前の4本並んだステッチの真ん中のマス目です。

3 3本並んだステッチを1組刺したら、次のステッチは、右隣の列の2段下から針を出します。

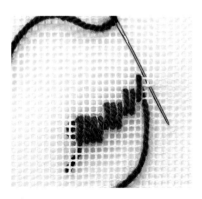

4 同じようにして、2本並んだステッチを2組刺します。

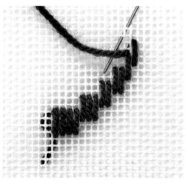

5 上向きにクライミング・ブリック・ステッチを2本刺したら、その左隣の列の2段下から針を出し（針を出すマス目は、前のステッチの頭のマス目と同じです）、そこを起点に3目あけ、5番目に針を入れます。

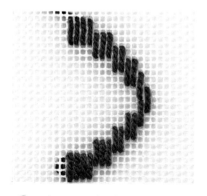

6 工程1〜4を右→左の順に繰り返します。2本並んだステッチが2組、3本並んだステッチが1組、4本並んだステッチが1組のパターンが出来上がります。

（注1）**パラレル・ステッチ**　　同じ目数のステッチを並べて刺すステッチのこと。p.17 のパラレル・ブリック・ステッチの刺し方です。
（注2）**クライミング・ステッチ**　　階段状に上っていく刺し方のこと。p.16 のクライミング・ブリック・ステッチの刺し方です。

SCOTTISH STITCH
スコティッシュ・ステッチ

スコティッシュ・ステッチは、奇数ではなく偶数の目数を用いる点がほかの
ステッチと違います。ダイヤモンドを形づくる一連のストレート・ステッチ
で構成されたこの魅力的なキャンバス・ワークのステッチは、色を刺し埋め
て、キルティング効果を生み出すのにおすすめです。キャンバス面で上下に
も斜めにも刺すことができますが、基本は変わりません。

1 針に糸を通してモノキャン
バスに通します（＊）。針
を出した最初（1番目）の
マス目から、上方向に2目
あけ、4番目のマス目に入
れたら、その目を起点に右
隣の列の1段上から針を出
します。
＊刺し始めの方法は p.158 をご
覧ください。

2 糸がもたつかないように引
き、下方向に4目あけ、6
番目のマス目に針を入れた
ら、その目を起点に右隣の
列の1段下から針を出しま
す。

3 上方向に6目あけ、8番目
のマス目に針を入れ、その
目を起点に右隣の列の1段
下から針を出します。

4 左右対称にするために、今
度は下方向に4目あけ、6
番目のマス目に針を入れ、
その目を起点に右隣の列の
1段上から針を出します。

5 上方向に2目あけ、4番目
のマス目に針を入れ、刺し
た面が平らになるように糸
を引っ張ります。これで1
つのモチーフが完成しまし
た。

6 工程5で出来上がったモ
チーフの真ん中の一番長い
ステッチの上から次のス
テッチを始めます。工程1
～5と同じように、最も短
いステッチから刺し進めま
す。2つのモチーフを通し
て、4目と8目、6目と6
目が縦に並んでいれば正し
く刺せています。

7 3つめのモチーフは、1
つめのモチーフの横に刺して
いきます。3つめのモチー
フの最初のステッチは、1
つめのモチーフの最後のス
テッチと同じなので、すで
に刺し終わっていることを
覚えておいてください。そ
の結果、新たに刺すステッ
チは、6目、8目、6目、
4目になります。

LEAF STITCH

リーフ・ステッチ

主役としても、背景としても魅力的なリーフ・ステッチは、スキルアップにもぴったり。テクスチャーの美しさを表現していきましょう。達成感が得られ、応用も効くこのステッチは、段々や列、縁飾りとしてだけでなく、大きな背景を埋めていくデザインにもおすすめです。

刺し方は p.140 の
チャートを参照。

1 針に糸を通してモノキャンバスに通します（＊）。最初に針を入れるマス目がリーフの先端になります。最初に針を入れた目から下方向に2目あけ、4番目のマス目に針を入れます。ここが中心列となり、これから刺していくステッチはすべてこの列を通ります。その目を起点に右隣の列の2段上から針を出します。

2 針を出した目を起点に5目下の中心列に針を入れます。工程1の中心列のステッチの終わりの目と、この工程の終わりの目の間には1目あいています。左側で対称に同じステッチを繰り返します。

＊刺し始めの方法は p.158 をご覧ください。

3 右1列隣で、工程2のステッチの1段下から針を出し、中心列のステッチの頭から数えて7目下に針を入れます。左側で対称に同じステッチを繰り返します。

刺し始めの位置について

1枚のリーフには10目必要なので、下方向に10目以上残る位置から刺し始めましょう。

4 再び、右1列隣で、工程3のステッチの1段下から針を出し、中心列のステッチの頭から数えて8目下に針を入れます。再び左側で対称に同じステッチを繰り返します。

5 今度は同じ列で、工程4のステッチの1段下から針を出し、中心列のステッチの頭から数えて9目下に針を入れます。左側で対称に同じステッチを刺します。手順をもう一度繰り返して、3本の平行な斜めのステッチを刺します。

6 2つめのリーフは、1つめのリーフの中心列から横方向に7目進んだところを中心列にして、工程1〜5と同じように下方向に刺し進めます。

7 上段の3つめのリーフを作るには、下の葉の横同士が接する列に中心列がこないといけません。新しいリーフのつけ根部分から上方向に10番目のマス目からステッチをスタートすることを覚えておいてください。

FLAME STITCH
フレーム・ステッチ

フローレンタインとも呼ばれ、バルジェロといえばこのステッチといえるぐらい、バルジェロの象徴でもあるフレーム・ステッチ。最もよく用いられ、なくてはならない存在です。階段上のクライミング・ステッチや同じ目数のステッチが並ぶパラレル・ステッチが登場。刺繍する楽しみが始まります。

1 針に糸を通してモノキャンバスに通します（＊）。針を出した最初（1番目）のマス目から、上方向に3目あけ、5番目のマス目に入れます。その目を起点に右隣の列の2段下から針を出します。この位置は、最初に刺した5目のステッチの真ん中のマス目です。糸を引きます。
＊刺し始めの方法は p.158 をご覧ください。

2 次に上方向に3目あけ、5番目のマス目に針を入れ、その目を起点に右隣の列の2段下から針を出します。この目は、1つ前のステッチの真ん中のマス目の隣です。糸を引き、上に向かったステッチが4本になるまで、繰り返し刺していきます。

3 5回目を繰り返し、今度は、その目を起点に右隣の列の5目下に針を出すと、針は5回目のステッチのマス目の右隣に出ます。糸を引きます。

4 上方向に5番目のマス目に針を入れ、2本並んだパラレル・ステッチを1組刺したら、その目を起点に右隣の列の2段下に針を出し、糸を引きます。

5 「下方向5目で出して、上方向5目で入れる」のルールに沿って、3本並んだパラレル・ステッチを1組刺したら、その目を起点に右隣の列の2段下に針を出します。

6 2本並んだパラレル・ステッチを1組刺したら、その目を起点に右隣の列の2段下に針を出します。

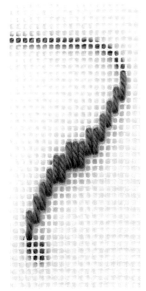

7 工程1と2と同じように4つのクライミング・ステッチを刺したら、すでに刺し終えたステッチと対称になるよう刺します。続けてキャンバスの下方向に向かってパターンを続けると、p.44 の模様が出来上がります。

HUNGARIAN STITCH
ハンガリアン・ステッチ

ハンガリアン・ステッチでは、2つの大きさの違うステッチを一緒に使って
ヘリンボーンの形を作っていきます。複雑なステッチですが、一旦マスター
すると、とりこになってしまう、そんなステッチです。応用も効き、モザイ
ク状に段々に用いたり、目を引くような複雑なデザインのモチーフを作った
りと可能性を広げてくれます。

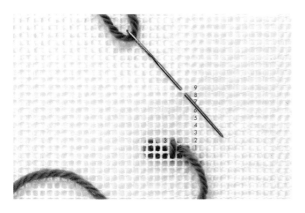

1 針に糸を通してモノキャンバスに通し（＊）、針を出した最初（1
番目）のマス目から、上方向に3番目のマス目に針を入れます。
その目を起点に右隣の列の1段下から針を出します。そこから上
方向に9番目のマス目に針を入れ、右隣の列の1段下から出しま
す。

＊刺し始めの方法はp.158をご覧ください。

2 上方向3番目のマス目に針を入れ、右隣の列の1段下から針を出
します。

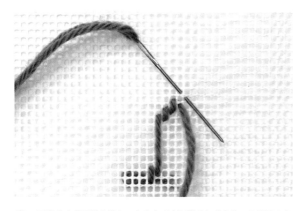

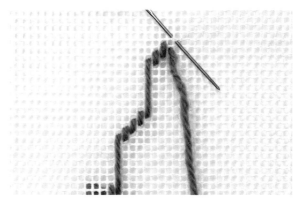

3 工程2を2回繰り返し、上方向で右に進みながら3つの3目のクラ
イミング・ステッチ（階段状に上っていくステッチ）を刺しま
す。ステッチは、前のステッチの真ん中のマス目から次のステッ
チが始まるように刺していきます。

4 続けて9目のステッチを刺し、右隣の列の1段下に針を出し、3
つの3目のクライミング・ステッチが続きます（工程3参照）。

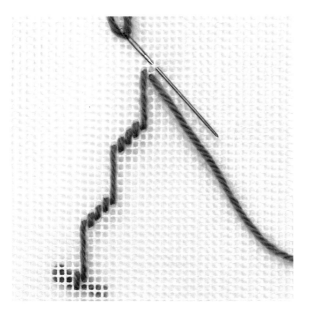

5 上方向9目のステッチを刺し、3目のステッチを刺します。そして、右隣の列の1段下に針を出すと、ヘリンボーンの形の先端が出来ました。ここから右下方向へ針を進めていきます。

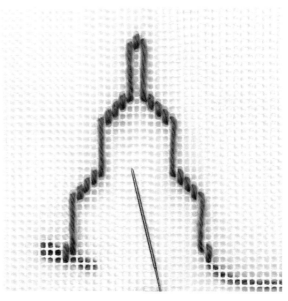

6 すでに完成したパターンを対称にして、キャンバスの下方向へ向かってステッチを続けます。

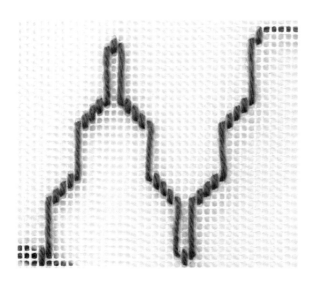

7 工程6の3目のステッチの頭を起点に、右隣の列の1段下から、上方向に9目のステッチを刺し、次のヘリンボーンの形を作っていきます。

サンプラーの作り方

これでみなさんも基本のステッチを学びました。さあ、バルジェロの作品制作に取り組む準備はよろしいですか？ 始める前にいくつかアドバイスしましょう。最初のステッチがどこから始まるのか、キャンバスの縁なのか、中心なのか、下部なのかを必ずチェックしてください。段や列のチェックも欠かさずに。そして、何よりも楽しんでくださいね！

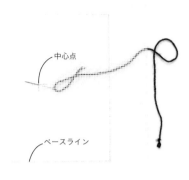

デザインを選ぶ

作品制作の出発点は、まず何を作りたいのか、そしてそれが実際にできるのかを考えること。ご自分のスキルはどのレベルなのか。どれくらい毛糸を持っているのかがわかったら、最初は少ない色数で始めるとよいでしょう。だんだんと経験を積んでから、より多くの色を使った複雑なデザインに挑戦することをおすすめします。

印をつける

キャンバスの準備ができたら、まず鉛筆と定規を使って作りたいデザインのサイズと形を決め、次に、中心点、最初の刺し目、ベースラインなどに印をつけます。定規を使って段や列、間隔を常に確認していきますので、定規は透明のものがおすすめです。

刺し始める

標準的な毛糸の場合、約 45cm の長さに切ります。2 本どりの毛糸、ルレックス、細い毛糸の場合は絡みやすいため、短めに。針に通したら、お好みに応じて刺繍枠などを用いてキャンバスをしっかり固定し、結び目を作って（＊）刺し始めます。

＊結び目を作らず、裏の渡り糸に絡ませたりして処理する方法もあります。詳しくは p.158 をご覧ください。

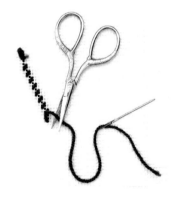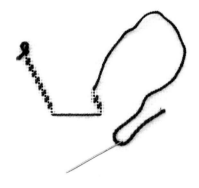

仕上げる

作品が完成したら、まずスチームアイロンでブロッキングし（p.13 参照）、飾るための準備をします。一番簡単な方法の 1 つは、既製のキャンバスフレームに取りつけ、タッカー（固定用工具）または画鋲を使って固定する方法です。

糸替えをする

糸替えには、結び目を作る、もしくは、刺し始め同様、裏の渡り糸に絡ませたりして処理する方法があります。どちらにするかはお好み次第です。結び目を作ると、突っ張ってしまい、ほどいて元に戻すときに難しくなってしまうことがあるのに対して、結ばないでそのまま次に続ける方法は、新しい目を刺すときに、ほかの毛糸が絡んで一緒に出てしまう可能性があります。

間違えを直すには？

間違えてしまうことはよくあることで、珍しいことではありません。どん
なものでも直すことはできるので、慌てないようにしましょう。定規を使っ
て段や列を確認して、間違えたところを見つけたら、針と、必要に応じて
はさみを使って、キャンバスをゆがめないように、丁寧に毛糸をほどいて
いきます。

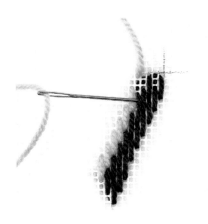

クライミング・ブリック・ス
テッチの例です。中間の列で、
6番目のステッチが1目ずれ
てしまっています。ブリック・
ステッチのパターンに沿って
ステッチを続け、間違ったス
テッチの上に重ねて刺すこと
で、列の上で簡単に直すこと
ができます。少し手間はかか
りますが、丁寧な修復方法に
ついては、p.159 で解説して
います。

必要な毛糸の量を
知るには？

同じ毛糸を使ったシンプルなス
テッチの 22cm × 22cm のサンプ
ラー（10CT のキャンバス）の場合、
約 30 g 必要です。ただ、結び目
を作ったり、毛糸が絡んだり、ス
テッチの向きを変えたりといった
ことをふまえて、約 20％プラスし
て考える必要があります。この量
は、使用するキャンバスのサイズ
によって変わり、ゲージが細かけ
れば細かいほど、より多くの毛糸
が必要です。

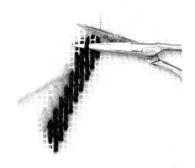

1 同じ間違いを、今度は違う方法で直
してみましょう。間違ったステッチ
の2つ先のステッチを先のとがっ
たはさみで切ります。

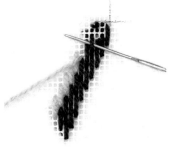

2 タペストリー針を使って、間違った
箇所の毛糸をそっとほどいて、間違
いを直したら、後ろで結び目を作り
ます。

第 2 章

バルジェロの
デザイン

この本には、私たちが大好きなバルジェロのデザインが詰まっています。
伝統的なパターンもあれば、自分たちで考えたものもあります。
どのデザインにも、アートや装飾、ファッション、
自然を通して私たちが影響を受けた色や配色を取り入れました。
大胆なデザインと鮮やかな色を満喫しながら、
皆さんが楽しく針を進めていけますように！

初 級

Zigzag
ジグザグ
p.36–37

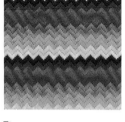

Zigzag
ジグザグ　バリエーション 1
p.38

Zigzag
ジグザグ　バリエーション 2
p.39

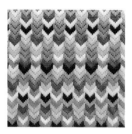

Zigzag
ジグザグ　バリエーション 3
p.42

Zigzag
ジグザグ　バリエーション 4
p.42

Zigzag fancy yarn
ジグザグ　ファンシー・ヤーン
p.43

Flame
フレーム
p.44–45

Flame
フレーム　バリエーション 1
p.46

Flame
フレーム　バリエーション 2
p.47

Flame
フレーム　バリエーション 3
p.48

Flame
フレーム　バリエーション 4
p.49

Aurora Borealis
オーロラ・ボレアリス
p.50–51

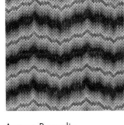

Aurora Borealis
オーロラ・ボレアリス
バリエーション１
p.52

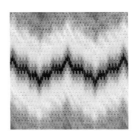

Aurora Borealis
オーロラ・ボレアリス
バリエーション２
p.53

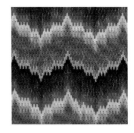

Aurora Borealis
オーロラ・ボレアリス
バリエーション３
p.56

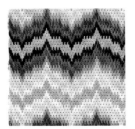

Aurora Borealis
オーロラ・ボレアリス
バリエーション４
p.56

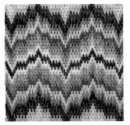

Aurora Borealis fancy yarn
オーロラ・ボレアリス
ファンシー・ヤーン
p.57

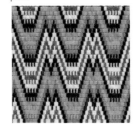

Peaks
ピークス
p.58–59

Peaks
ピークス　バリエーション１
p.60

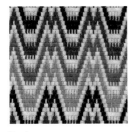

Peaks
ピークス　バリエーション２
p.61

Peaks
ピークス　バリエーション３
p.62

Peaks
ピークス　バリエーション４
p.63

Peaks fancy yarn
ピークス　ファンシー・ヤーン
p.64

中 級

Pomegranates
ポメグラネイト
p.68–69

Pomegranates
ポメグラネイト　バリエーション１
p.70

Pomegranates
ポメグラネイト　バリエーション２
p.71

Pomegranates
ポメグラネイト　バリエーション３
p.74

Pomegranates
ポメグラネイト　バリエーション４
p.74

Basket Weave
バスケット・ウィーブ
p.76–77

Basket Weave
バスケット・ウィーブ
バリエーション１
p.78

Basket Weave
バスケット・ウィーブ
バリエーション２
p.79

Basket Weave
バスケット・ウィーブ
バリエーション３
p.80

Basket Weave
バスケット・ウィーブ
バリエーション４
p.81

Basket Weave fancy yarn
バスケット・ウィーブ
ファンシー・ヤーン
p.82

Boxed Hungarian Point
ボックスト・ハンガリアン・
ポイント
p.84–85

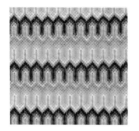

Boxed Hungarian Point
ボックスト・ハンガリアン・
ポイント　バリエーション1
p.86

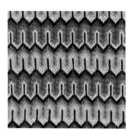

Boxed Hungarian Point
ボックスト・ハンガリアン・
ポイント　バリエーション2
p.87

Boxed Hungarian Point
ボックスト・ハンガリアン・
ポイント　バリエーション3
p.88

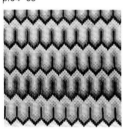

Boxed Hungarian Point
ボックスト・ハンガリアン・
ポイント　バリエーション4
p.89

Boxed Hungarian Point
fancy yarn
ボックスト・ハンガリアン・
ポイント　ファンシー・ヤーン
p.90

Lollipops
ロリポップ
p.92–93

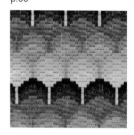

Lollipops
ロリポップ　バリエーション1
p.94

Lollipops
ロリポップ　バリエーション2
p.95

Lollipops
ロリポップ　バリエーション3
p.98

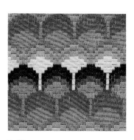

Lollipops
ロリポップ　バリエーション4
p.98

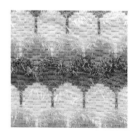

Lollipops fancy yarn
ロリポップ　ファンシー・ヤーン
p.99

上級

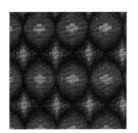

Retro
レトロ
p.102–103

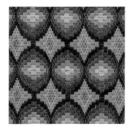

Retro
レトロ　バリエーション I
p.104

Retro
レトロ　バリエーション 2
p.105

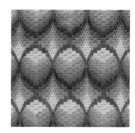

Retro
レトロ　バリエーション 3
p.108

Retro
レトロ　バリエーション 4
p.108

Traditional Hungarian Point
トラディショナル・ハンガリアン・
ポイント
p.110–111

Traditional Hungarian Point
トラディショナル・ハンガリアン・
ポイント　バリエーション I
p.112

Traditional Hungarian Point
トラディショナル・ハンガリアン・
ポイント　バリエーション 2
p.113

Traditional Hungarian Point
トラディショナル・ハンガリアン・
ポイント　バリエーション 3
p.116

Traditional Hungarian Point
トラディショナル・ハンガリアン・
ポイント　バリエーション 4
p.116

Lanterns
ランタン
p.118–119

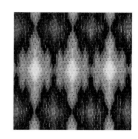

Lanterns
ランタン　バリエーション I
p.120

Lanterns variation 2
ランタン　バリエーション 2
p.121

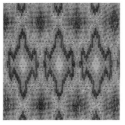

Lanterns variation 3
ランタン　バリエーション 3
p.122

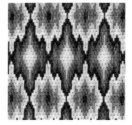

Lanterns variation 4
ランタン　バリエーション 4
p.123

Lanterns fancy yarn
ランタン　ファンシー・ヤーン
page 124

応用編　さらに広がるバルジェロの世界

Spiral Bands
スパイラル・バンド
p.128–129

Crossed Spiral Bands
クロスト・スパイラル・バンド
p.130–131

Diagonal Stripes
ダイアゴナル・ストライプ
p.132–133

Chains
チェーン
p.134–135

Fused Spiral Bands
フューズド・スパイラル・バンド
p.136–137

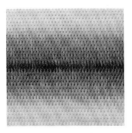

Climbing Brick Stitch
クライミング・ブリック・ステッチ
p.138–139

Leaf Stitch
リーフ・ステッチ
p.140–141

Double Cross Stitch
ダブル・クロス・ステッチ
p.142–143

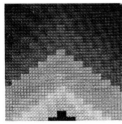

Pyramids
ピラミッド
p.144–145

Hexagons
ヘキサゴン
p.146–147

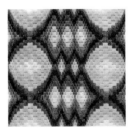

Blazing Baubles
ブレージング・ボーブル
p.148–149

Reflected Hungarian Point Motif
リフレクティッド・ハンガリアン・ポイント・モチーフ
p.150–151

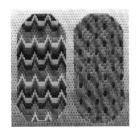

Lozenges
ロゼンジ
p.152–153

Honeycombs
ハニカム
p.154–155

初 級

まずは、ワクワクするような4つのパターンから始めていきましょう。
どれもキャンバスを幅いっぱいに使うものです。
万能のジグザグに始まり、バルジェロファンには欠かせない永遠のフレーム、
ムードあふれるロマンチックなオーロラ・ボレアリスと続き、
幾何学模様の極めつけ、ピークを紹介していきます。

ZIGZAG ジグザグ

ビザンチン・ステッチとも呼ばれる基本的なジグザグ・ステッチで、初めてバルジェロに挑戦する人に最適です。ストライプにしたり、グラデーションにしたり、分割したりと幾通りにも応用でき、さまざまな表現方法が可能です。上下、左右、斜めに刺すことができるこのパターンには、キャンディショップのようなポップな色味がよく合いますが、色の組み合わせは無限です。

繰り返しパターン

5目を使い、シンプルなステッチを繰り返すデザインです。
ベースライン（p.24 参照）の左端からスタート、
8列で1個のジグザグ模様が出来上がります。

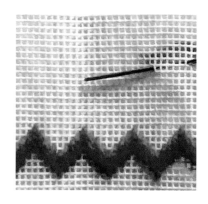

1　ジグザグ模様を11個刺せば、最初の段が完成します。

2　ホワイトの糸を使って、マゼンタの段の上に工程1を繰り返します。段を重ねていく際に、先に刺した糸のあるマス目に次の色を刺すときは、布の裏から針を出すのではなく、表から針を入れるようにすると、すでに刺してある糸を割ることなく、きれいに仕上がります。

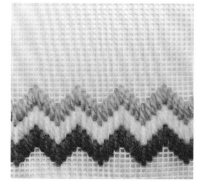

3　色糸の段の間にホワイトの段を入れて、キャンバスの幅に沿ってそれぞれの段を完成させます。

必要な材料と用具

毛糸 ＊アクリル（DK）を組み合わせて使用
　カラー糸...... 各5g
　ホワイト糸......30g
インターロックキャンバス（10CT）
　22cm × 22cm（出来上がり寸法）
　＊ゆとり分として周り（上下左右）に2cm、
　大きめに用意する。
タペストリー針

● Magenta マゼンタ
○ White ホワイト
　 Pale blue ペールブルー
● Egg yolk エッグヨーク
● Pastel pink パステル
　　　　　　　 ピンク
● Tangy orange タンギー
　　　　　　　　 オレンジ
● Royal blue ロイヤルブルー

　 Turquoise ターコイズ
● Burgundy バーガンディー
　 Lime green ライムグリーン
● Electric blue エレクトリックブルー
● Bubblegum pink バブルガムピンク
　 Pear ペアー

鮮やかなキャンディーカラーと
ドラマチックなホワイトのストラ
イプのデザイン。余り毛糸を使
える作品としてもおすすめです。

ZIGZAG ジグザグ

バリエーション I

必要な材料と用具

毛糸........各 5g
　＊アクリル（DK）を組み合わせて使用
インターロックキャンバス（10CT）
　22cm × 22cm（出来上がり寸法）
　＊ゆとり分として周り（上下左右）に 2cm、
　大きめに用意する。
タペストリー針

- Pale pink ペールピンク
- Frosty pink フロスティピンク
- Candy pink キャンディピンク
- Candy floss キャンディフロス
- Dusky rose ダスキーローズ
- Pink ピンク
- Paradise pink パラダイスピンク
- Magenta マゼンタ
- Bubblegum pink バブルガムピンク
- Deep musky pink ディープマスキーピンク
- Deep rose ディープローズ

豊かなピンクの色調で伝統的なバルジェロの
グラデーションを表現。まるでロマンチック
な夕暮れのようです。印象的な表情を出すた
めに、明るめから暗めまで6〜11色のピンクを
選びましょう。このサンプルでは色合いの異
なる11色のピンクを使いましたが、色の数は
お好みで決めてください。

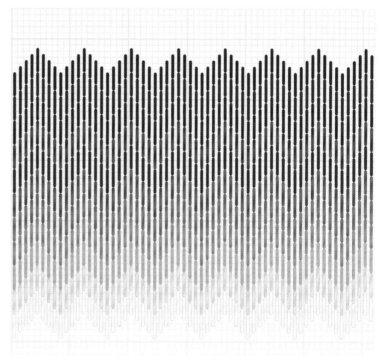

バリエーション 2

必要な材料と用具

毛糸........各5g
　＊アクリル（DK）を組み合わせて使用
インターロックキャンバス（10CT）
　22cm × 22cm（出来上がり寸法）
　＊ゆとり分として周り（上下左右）に2cm、
　大きめに用意する。
タペストリー針

○ Pale peach ペールピーチ
◐ Musky peach マスキーピーチ
● Tangy orange タンギーオレンジ
● Tangerine タンジェリン
○ Pale blue ペールブルー
◐ Aqua アクア
● Electric blue エレクトリックブルー
● Royal blue ロイヤルブルー
○ Pale pink ペールピンク
● Pink ピンク
● Bubblegum pink バブルガムピンク
● Magenta マゼンタ

目を引くピンク、落ち着いたブルー、魅力的なオレンジの色を組み合わせた、味わいのあるストライプです。各色で4色のグラデーションを作り上げています。

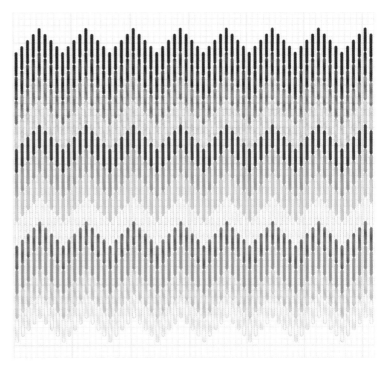

ジグザグ　バリエーション 3（サンプラー）
p.42 参照

ジグザグ　バリエーション 4 （サンプラー）

ジグザグ　ZIGZAG | **41**

ZIGZAG ジグザグ

バリエーション 3
p.40参照

バリエーション 4
p.41参照

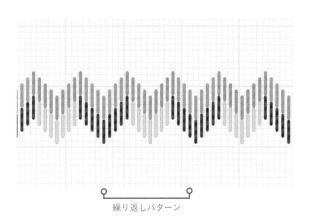

繰り返しパターン

繰り返しパターン

必要な材料と用具

毛糸........各5g
　＊アクリル（DK）を組み合わせて使用
インターロックキャンバス（I0CT）
　22cm × 22cm（出来上がり寸法）
　＊ゆとり分として周り（上下左右）に2cm、
　大きめに用意する。
タペストリー針

必要な材料と用具

毛糸........各5g
　＊アクリル（DK）を組み合わせて使用
インターロックキャンバス（I0CT）
　22cm × 22cm（出来上がり寸法）
　＊ゆとり分として周り（上下左右）に2cm、
　大きめに用意する。
タペストリー針

- ⬤ Lime green ライムグリーン
- ⬤ Burgundy バーガンディー
- ◯ White ホワイト
- ⬤ Pale blue ペールブルー
- ⬤ Tangy orange タンギーオレンジ
- ⬤ Electric blue エレクトリックブルー
- ⬤ Egg yolk エッグヨーク
- ⬤ Magenta マゼンタ
- ⬤ Dusky rose ダスキーローズ
- ⬤ Pear ペアー
- ⬤ Bright lemon ブライトレモン

- ⬤ Magenta マゼンタ
- ⬤ Deep turquoise ディープターコイズ
- ⬤ Neon yellow ネオンイエロー
- ⬤ Pink ピンク
- ⬤ Tangy orange タンギーオレンジ
- ⬤ Aqua blue アクアブルー
- ⬤ Royal blue ロイヤルブルー

好きな2色を選び、1段に交互に刺します。1段を
すべて刺し終えたら、p.40のサンプラーを参照して、
同様に2色を選び、1段目の上部と下部も刺し埋め
ます。キャンバスの上部と下部を刺し埋めます。

FANCY YARN
ファンシー・ヤーン

秋を感じるフルーツの落ち着いた
色調のジグザグデザイン（p.36-37
参照）です。ところどころできらっ
と光るグリーン、ゴールド、オレ
ンジ、パープルの色の世界！　ス
テッチのサイズと色の順番を変え
ると、統一されたパターンでもラ
ンダムな見ためを作り出せます。

- Jewel with glitter
- Burnt orange with glitter
- Mustard with glitter
- Mauve with glitter
- Emerald with glitter
- Lilac with glitter
- Olive with glitter

上から順に
ジュエル（ラメ入り）
バーント オレンジ（ラメ入り）
マスタード（ラメ入り）
モーブ（ラメ入り）
エメラルド（ラメ入り）
ライラック（ラメ入り）
オリーブ（ラメ入り）

FLAME フレーム

フローレンタインとも呼ばれる伝統的なフレーム・ステッチを
使用するフレームは、多くのバルジェロのデザインのベースと
なるものです。これをマスターすれば、ほかのステッチも楽に
身につけることができるでしょう。

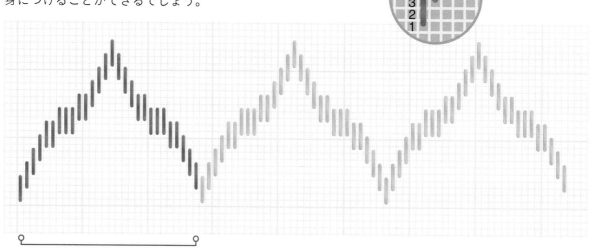

繰り返しパターン

このサンプラーでは、5目のステッチを7色使って刺します。28列で1つのパターンが出来上がります。
ベースラインの左端から刺し始め、上へと刺し進めていきます。
左右対称に模様を仕上げたい場合は、キャンバスの中央からスタートし、右側に刺し進めていきます。

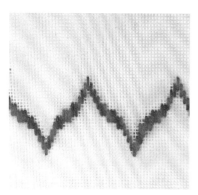

1 キャンバスの幅に沿ってステッチの最初
の段を完成させます。左右対称に仕上げ
る場合は、キャンバスの中央からスター
トし、キャンバスの幅に沿って右側を刺
し終えたら、同様に中央から左方向に刺
し進め、最初の段を完成させます。

2 最初の段を終えたら、各段を必要に応じ
て色を変えながら繰り返していきます。

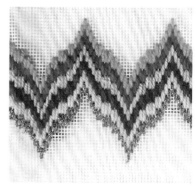

3 各段をキャンバスの幅に沿って完成させ
ます。

すべての段を刺したら、p.45のサンプラーを
参照して、キャンバスの上部と下部も刺し埋
めます。

必要な材料と用具

毛糸……各5g
　＊アクリル（DK）、
　ゴールドルレックス2ply
　（2本どりで4ply使い）を組み合わせて使用
インターロックキャンバス（10CT）
　22cm×22cm（出来上がり寸法）
　＊ゆとり分として周り（上下左右）に2cm、
　大きめに用意する。
タペストリー針

● Coral コーラル
　Pale lemon ペールレモン
● Gold lurex ゴールドルレックス
● Mulberry マルベリー
● Tangy orange タンギーオレンジ
● Orange オレンジ
○ Pale lilac ペールライラック

シンプルなステッチを炎のように表現。色の変化による上下の動きがエレガントな見ためを作り上げています。難しそうに見えますが、実際は簡単に刺せます。

FLAME フレーム

バリエーション Ⅰ

必要な材料と用具

毛糸.......各5g
　＊アクリル（DK）、
　ゴールドルレックス2ply
　（2本どりで4ply使い）を組み合わせて使用

インターロックキャンバス（10CT）
　22cm × 22cm（出来上がり寸法）
　＊ゆとり分として周り（上下左右）に2cm、
　大きめに用意する。

タペストリー針

- ● Gold lurex ゴールドルレックス
- ● Pink ピンク
- ● Magenta マゼンタ
- ● Currant カラント
- ● Claret クラレット
- ○ Pale lemon ペールレモン
- ● Mustard マスタード

モロッコのバザールの色をイメージしながら
デザインしました。深みのあるピンクと華や
かなゴールドを使って定番のバルジェロフ
レームを表現しています。

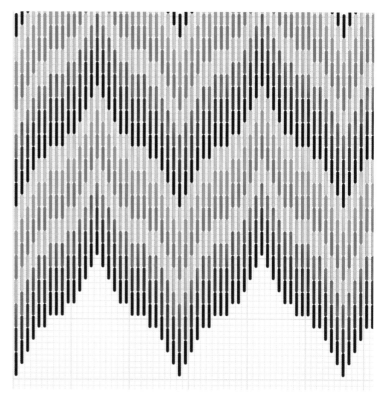

バリエーション 2

必要な材料と用具

毛糸.......各5g
　＊アクリル（DK）、
　ゴールドルレックス2ply
　（2本どりで4ply使い）を組み合わせて使用
インターロックキャンバス（10CT）
　22cm × 22cm（出来上がり寸法）
　＊ゆとり分として周り（上下左右）に2cm、
　大きめに用意する。
タペストリー針

- 🔘 Gold lurex ゴールドルレックス
- ⚫ Burgundy バーガンディー
- ⚪ Lime green ライムグリーン
- ⚪ Pear ペアー
- 🔘 Olive with glitter オリーブ（ラメ入り）
- Mint ミント
- 🔘 Orange オレンジ

深みのあるバーガンディーからライムへと変化するグラデーション。きらびやかさが加わった様子は、ボリウッド映画の魅力あふれる世界を彷彿とさせます。主役の色（この場合オレンジ）にいくつかの色を加え、チャート通りに繰り返し刺します。

FLAME フレーム

バリエーション 3

必要な材料と用具

毛糸........各 5g
　＊アクリル（DK）、
　ゴールドルレックス 2 ply
　（2本どりで 4ply 使い）を組み合わせて使用
インターロックキャンバス（10CT）
　22cm × 22cm（出来上がり寸法）
　＊ゆとり分として周り（上下左右）に 2cm、
　大きめに用意する。
タペストリー針

- 🔴 Orange lurex オレンジルレックス
- ⚪ Sunshine yellow サンシャインイエロー
- ⚪ Mustard マスタード
- ⚪ Corn cob with glitter コーンコブ（ラメ入り）
- ⚪ Vintage peach ビンテージピーチ
- ⚪ Chartreuse シャートルーズ
- ⚪ Yellow green イエローグリーン
- ⚫ Olive with glitter オリーブ（ラメ入り）

アイルランドのロマンチックで緑豊かな風景
と国旗の色にヒントを得たデザイン。ほんの
りときらめきが輝きます。

バリエーション 4

必要な材料と用具

毛糸........各5g
　＊アクリル（DK）、
　ゴールドルレックス2ply
　（2本どりで4ply使い）を組み合わせて使用

インターロックキャンバス（10CT）
　22cm × 22cm（出来上がり寸法）
　＊ゆとり分として周り（上下左右）に2cm、
　大きめに用意する。

タペストリー針

- ⬤ Blackberry ブラックベリー
- ⬤ Purple パープル
- ⬤ Mauve モーブ
- ⬤ Gold lurex ゴールドルレックス
- ⬤ Lavender ラベンダー

深みがあり、鮮やかなパープル。ゴージャス
な夜を思わせる暖かい色味がゴールドで強調
されました。豪華な色の世界が光り輝いてい
ます。

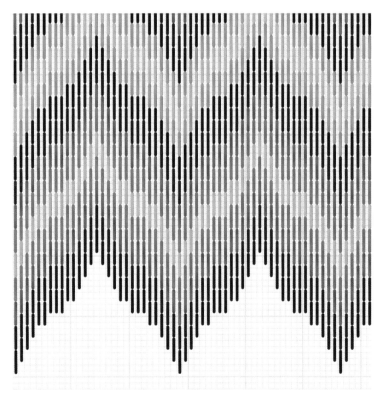

AURORA BOREALIS
オーロラ・ボレアリス

バルジェロの伝統を引き継ぐ定番デザインのオーロラ・ボレア
リスは、ステッチを使ってオーロラの光を表現しています。こ
のサンプラーでは、中間の色調のパステルを用いて、明るい光
から暗い光へ、また暗い光から明るい光へと、穏やかなグラデー
ションを描いてみました。

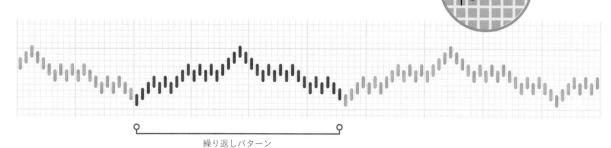

繰り返しパターン

このサンプラーは、３目またはそれ以上の目を使っています。
36目で１つの模様が出来ます。
オーロラをイメージした図案なので、他の模様と違って左右対象に配置する必要がないので、
キャンバスの左側、真ん中より上から、デザインのてっぺん部分を刺し、
右側に向かって刺し進めましょう。

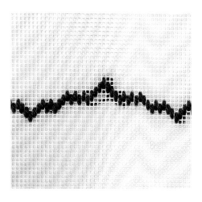

1 段の最後までパターン通りに刺し進めます。

2 糸の色を変え、工程１の段の上と下にも左側から刺し進めます。

3 各段で糸の色を変えながら、工程２を繰り返していきます。

必要な材料と用具

毛糸........各5g
　＊アクリル（DK）を組み合わせて使用
インターロックキャンバス（10CT）
　22cm × 22cm（出来上がり寸法）
　＊ゆとり分として周り（上下左右）に2cm、
　大きめに用意する。
タペストリー針

- 8 Oranges オレンジ系を8色
- 8 Lilacs パープル系を8色
- 8 Blues ブルー系を8色
- 8 Yellows イエロー系を8色

輝く夕日に照らされた幻想的な夕暮れ。そんな瞬間を、一見シンプル、でも実は洗練された豊かなパステルの色調で表現しました。

AURORA BOREALIS
オーロラ・ボレアリス

バリエーション Ⅰ

● Bright fuchsia ブライトフューシャ
● Mustard マスタード
● Pistachio ピスタチオ
● Moss モス
● Olive オリーブ
● Dark olive ダークオリーブ

美しくも激しく変化していくグリーンのグラ
デーション。その中に現れるひときわ明るい
ブライトフューシャの線が見るものをハッと
させます。すべての段は、左から右に向かっ
て刺し、ダークオリーブは3段、上にあるそ
のほかの色は1段で進めます。

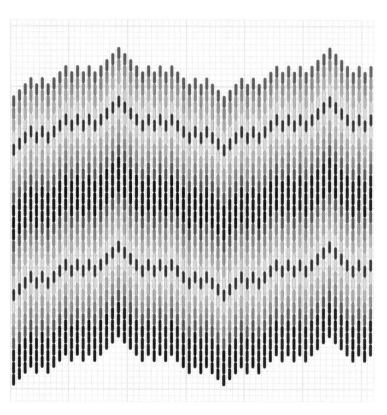

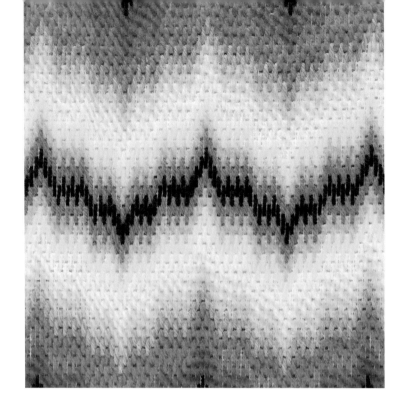

バリエーション 2

必要な材料と用具

毛糸........各5g
  ＊アクリル（DK）を組み合わせて使用
インターロックキャンバス（10CT）
  22cm × 22cm（出来上がり寸法）
  ＊ゆとり分として周り（上下左右）に2cm、
  大きめに用意する。
タペストリー針

- ● Dark olive ダークオリーブ
- ○ Lemongrass レモングラス
- ○ Chartreuse シャートルーズ
- ○ Lime green ライムグリーン
- Pale lemon ペールレモン
- Cream クリーム
- ○ Sunshine サンシャイン
- ● Mustard マスタード
- ● Tangy orange タンギーオレンジ
- ● Tangerine タンジェリン
- ● Orange オレンジ
- ● Neon orange ネオンオレンジ

古典的なバルジェロの動きを左右対称になっ
たオーロラで表現。柑橘系の暖かな色合いに
対する妖しげなネオンが、大気圏の雰囲気を
醸し出し、バルジェロのグラデーションの魅
力を最大限に引き出しました。このデザイン
では、5目以上を使って刺していきます。

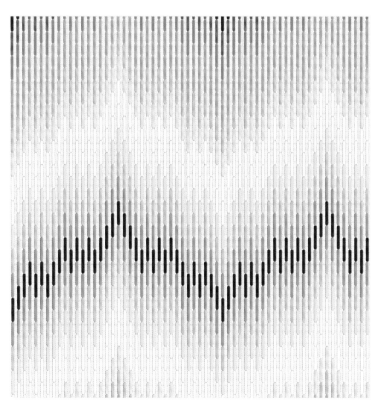

オーロラ・ボレアリス　バリエーション3
（サンプラー）　p.56参照

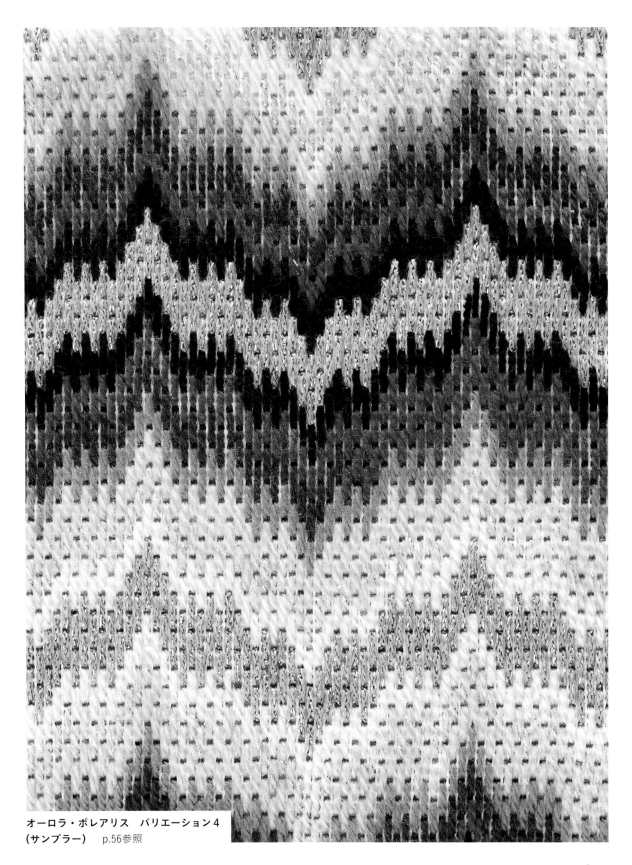

オーロラ・ボレアリス　バリエーション4
（サンプラー）　p.56参照

AURORA BOREALIS
オーロラ・ボレアリス

バリエーション 3

p.54参照

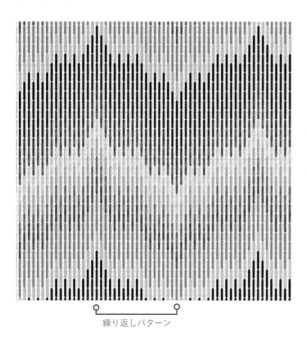

繰り返しパターン

バリエーション 4

p.55参照

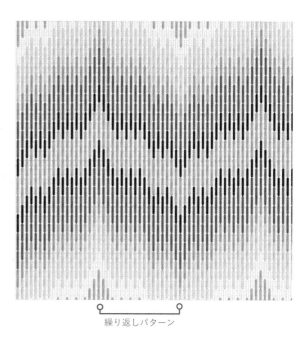

繰り返しパターン

必要な材料と用具

毛糸 .... 各5g ＊アクリル（DK）を組み合わせて使用
インターロックキャンバス（10CT）.... 22cm × 22cm（出来上がり寸法）
　＊ゆとり分として周り（上下左右）に2cm、大きめに用意する。
タペストリー針

○ Silver lurex シルバールレックス
● Forest fruit フォレストフルーツ
● Plum プラム
● Garnet with glitter ガーネット（ラメ入り）
● Currant カラント
● Magenta マゼンタ
○ Pale pink ペールピンク
○ Dusky rose ダスキーローズ

● Heather ヘザー
● Party purple パーティーパープル
● Jewel with glitter ジュエル（ラメ入り）
● Orchid オーキッド

パープル系とローズ系の色をグラデーションになるように選び、大胆にシルバーを組み合わせてアクセントにしました。

必要な材料と用具

毛糸 .... 各5g ＊アクリル（DK）を組み合わせて使用
インターロックキャンバス（10CT）.... 22cm × 22cm（出来上がり寸法）
　＊ゆとり分として周り（上下左右）に2cm、大きめに用意する。
タペストリー針

● Metallic gold メタリックゴールド
● Chocolate チョコレート
● Sable セーブル
● Chestnut チェスナット
○ Mink ミンク
　Pink beige ピンクベージュ
　Champagne with glitter シャンパン（ラメ入り）
　Pale sand ペールサンド

ベージュ系でまとめたグラデーション。まるでドラマチックに吹き荒れる砂漠の砂嵐に迷い込んだようです。惜しげもなく使った中間色の世界に、ゴールドの地平線が輝いています。

FANCY YARN
ファンシー・ヤーン

左右対称のオーロラのデザイン（p.53バリエーション2参照）です。このサンプラーでは、ブルーとゴールドのルレックス、きらびやかなDK、ウール糸を用いて、テクスチャーを表現しています。

- ● Blue lurex ブルールレックス
- ○ Apricot with cotton fleck アプリコット（コットン糸入り）
- ○ Old gold オールドゴールド
- ○ Copper with glitter コッパー（ラメ入り）
- ● Chestnut チェスナット
- Norsk in ice blue アイスブルーのノースク
- ○ Airforce blue with glitter エアフォースブルー（ラメ入り）
- ● Navy with glitter ネイビー（ラメ入り）
- ● Royal blue with glitter ロイヤルブルー（ラメ入り）
- ○ Gold lurex ゴールドルレックス
- Champagne with glitter シャンパン（ラメ入り）

PEAKS ピークス

規則正しく並んだピーク（とがった山）を使い、幾何学的な美
しい模様を繰り出す、シンプルながら印象的なパターンです。
これなら喜んで登りたい山ですね。もちろん針を使ってですが。

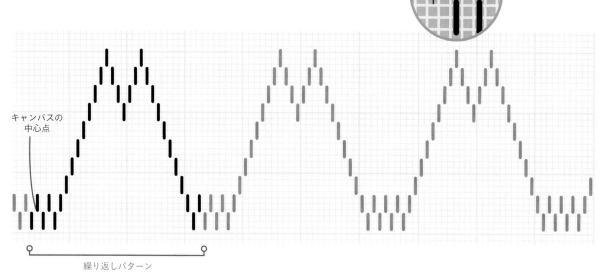

キャンバスの
中心点

繰り返しパターン

このデザインは、キャンバスの中心点（p.24 参照）から 4 目で刺し始めます。
30 列で 1 つのパターンが出来上がります。

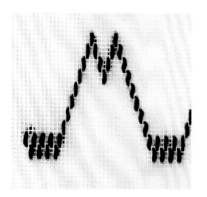

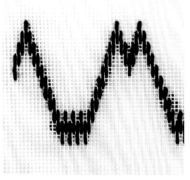

1 ブラックの糸を使って、キャンバスの中
心点から右側に向かってパターン通りに
刺し進めます。

2 右端まで刺し終えたら、次は刺し始め
（キャンバスの中心点）から左に向かっ
てパターン通りに刺し進めます。これで
1 段目が出来上がります。同じブラック
で左端から 1 段目の真下をパターン通り
に刺し進めます。

3 異なる色の毛糸で工程 1 と 2 を繰り返し
てパターンを完成させます。1 段目が刺
し終わったら、キャンバスの中心点から
刺し進める必要はないので、左端から刺
し始めます。

すべての段を刺し終えたら、p.59 のサン
プラーを参照して、上部と下部を刺し埋
めます。

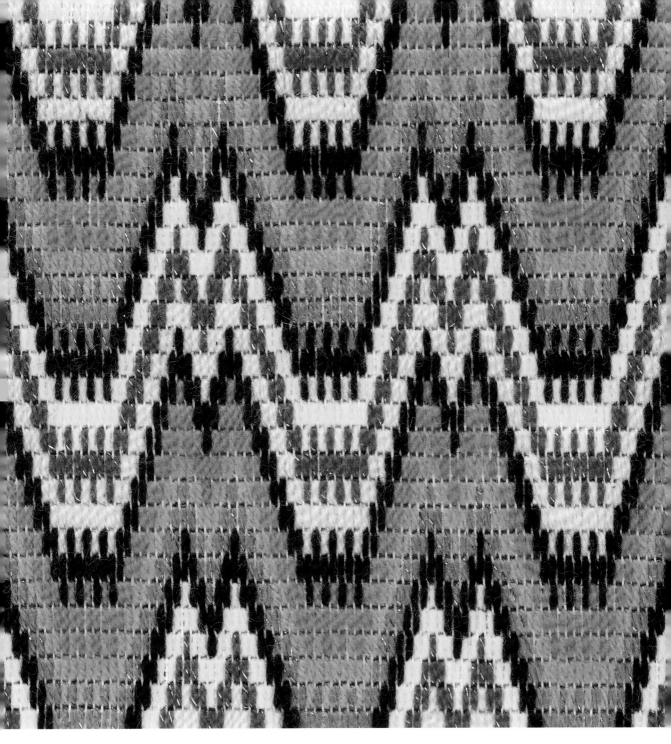

必要な材料と用具

毛糸........各 5 g
＊アクリル（DK）を組み合わせて使用
インターロックキャンバス（10CT）
　22cm × 22cm（出来上がり寸法）
　＊ゆとり分として周り（上下左右）に 2 cm、
　大きめに用意する。

タペストリー針

● Black ブラック

○ Lime green ライムグリーン

● Burnt orange with glitter バーントオレンジ（ラメ入り）

／ Nude ヌード

● Vibrant orange ヴァイブラントオレンジ

○ Tangy orange タンギーオレンジ

● Olive with glitter オリーブ（ラメ入り）

このサンプラーは、私たちのアトリエの壁に貼られたリバティ（Liberty）のポストカードにインスピレーションを得ました。ワクワクするような配色をと思い、ブラックに対して鮮やかなオレンジを加え、キャンバスに燃えるような輝きをもたらしています。

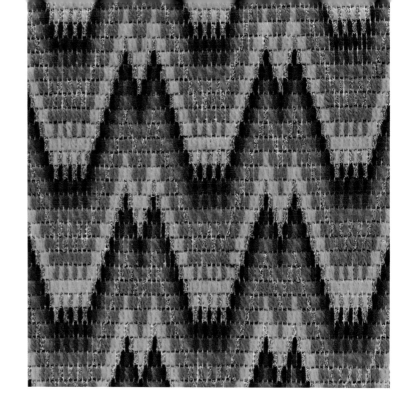

PEAKS ピークス

バリエーション I

必要な材料と用具

毛糸.......各5g
  ＊アクリル（DK）、ゴールドルレックス2ply
  （2本どりで4ply使い）を組み合わせて使用
インターロックキャンバス（10CT）
  22cm × 22cm（出来上がり寸法）
  ＊ゆとり分として周り（上下左右）に2cm、
  大きめに用意する。
タペストリー針

- Gold lurex ゴールドルレックス
- Claret クラレット
- Garnet ガーネット
- Spiced pink スパイストピンク
- Magenta マゼンタ
- Royal blue ロイヤルブルー
- Steel blue スティールブルー
- Sky blue スカイブルー
- Turquoise ターコイズ

暗い色から明るい色へと鮮やかに変化するピンクとブルー。ゴールドのアクセントによって、色の幅の深みと鮮やかさに一層奥行きが加わり、豪華に仕上がりました。

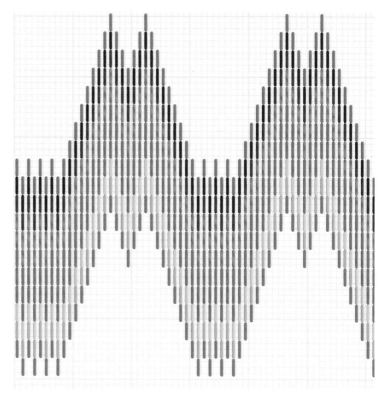

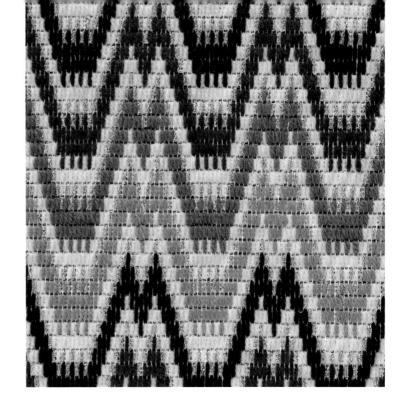

バリエーション 2

必要な材料と用具

毛糸.......各5g
　＊アクリル（DK）、ゴールドルレックス2ply
　（2本どりで4ply使い）を組み合わせて使用
インターロックキャンバス（10CT）
　22cm × 22cm（出来上がり寸法）
　＊ゆとり分として周り（上下左右）に2cm、
　大きめに用意する。
タペストリー針

- ● Gold lurex ゴールドルレックス
- ● Navy ネイビー
- ● Lemon yellow レモンイエロー
- ● Royal blue ロイヤルブルー
- ● Airforce blue エアフォースブルー
- ● Dark navy ダークネイビー

月並みな色味をできるだけ少なくして、黄色と青のクラシックな組み合わせを表現してみました。新たな工夫が加わり、色に立体感がもたらされています。ゴールドのルレックスを使い、ゴージャスで洗練された雰囲気を引き出してみました。

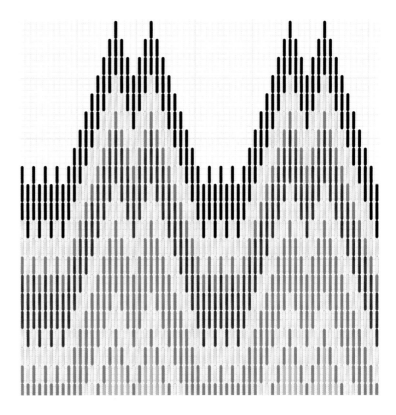

PEAKS ピークス

バリエーション 3

必要な材料と用具

毛糸........各5g
　＊アクリル（DK）を組み合わせて使用
インターロックキャンバス（10CT）
　22cm × 22cm（出来上がり寸法）
　＊ゆとり分として周り（上下左右）に2cm、
　大きめに用意する。
タペストリー針

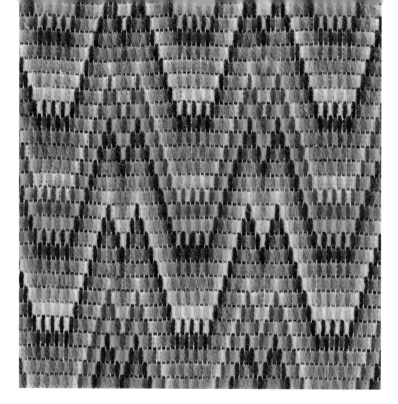

- ● Dark teal ダークティール
- ● Deep turquoise ディープターコイズ
- ● Aqua アクア
- ● Dark olive ダークオリーブ
- ● Army green アーミーグリーン
- ● Deep pistachio ディープピスタチオ
- ● Candy pink キャンディピンク
- ● Pink ピンク
- ○ Pale pink ペールピンク
- ● Plum プラム
- ● Mauve モーブ
- ○ Lilac ライラック
- ● Autumn orange オータムオレンジ
- ● Spiced orange スパイストオレンジ
- ○ Peach ピーチ

普段使わない色を使ったことで、思いがけない新鮮な色調が出来上がりました。思いもつかないような色の組み合わせをぜひ試してみてください。このデザインでは、各色1段で展開しています。

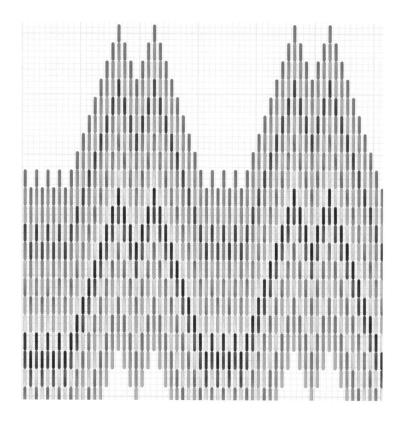

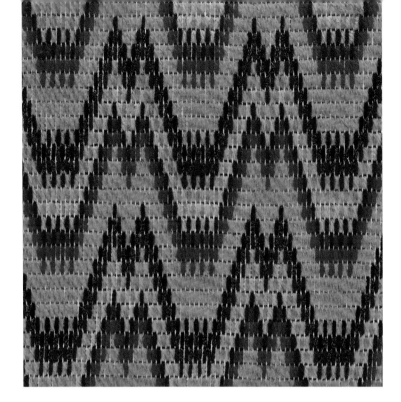

バリエーション　4

必要な材料と用具

毛糸........各5g
　＊アクリル（DK）を組み合わせて使用
インターロックキャンバス（10CT）
　22cm × 22cm（出来上がり寸法）
　＊ゆとり分として周り（上下左右）に2cm、
　大きめに用意する。
タペストリー針

● Burgundy バーガンディー
● Dark red lurex ダークレッドルレックス
● Claret クラレット
● Tangy orange タンギーオレンジ
● Spiced orange スパイストオレンジ
○ Light terracotta ライトテラコッタ
● Forest fruit フォレストフルーツ
● Currant カラント
● Raspberry ラズベリー
● Neon orange ネオンオレンジ

ダークレッド、バーガンディー、ネオンオレンジがアクセントとなり、元気あふれるデザインになりました。ダークレッドルレックスが全体の暖かさに適度な輝きを添えています。

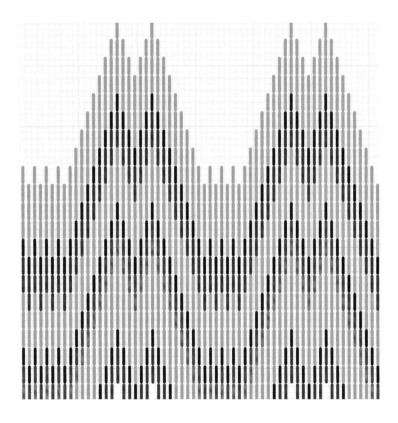

FANCY YARN
ファンシー・ヤーン

ピークスのデザイン（p.58-59 参照）を使い、70 年代のグラムロックに触発されたノスタルジックな作品です。たった 3 色のルレックスのメタリックと、その間に使った DK ウールで、ピークスサンプラーのきらめきバージョンが出来上がりました。

- ● Charcoal チャコール
- ● Lilac lurex ライラックルレックス
- ● Royal purple ロイヤルパープル
- ● Orange lurex オレンジルレックス
- ● Dark orange ダークオレンジ
- ○ Silver lurex シルバールレックス

PEAKS
ピークス

落ち着いた色調の印象的なクッション。ピークスを4倍のサイズにしてデザインを繰り返しています。インテリアグッズ向けのデュオキャンバスを使いました。このデザインを両面で展開することもできますし、片面はピークス、もう一方はピークスに合わせた布を使って作ってもいいですね。

中　級

ここでご紹介する４つのデザインはモチーフをベースにしました。
パターンを設定して繰り返すスキルの習得を目指します。
ポメグラネイトはこの刺繍をまさに代表するもの。
ぜひ試してみましょう！
バスケット・ウィーブでは、リズムにのって目を数えることが
得意になるに違いありません。
ボックス・ハンガリアン・ポイントとロリポップは、
どちらも同じモチーフを異なるステッチのサイズで表現していきます。

POMEGRANATES ポメグラネイト

ポメグラネイト（ザクロ）の起源はフィレンツェではなくアメリカといわれ、ここではカーブ・ステッチが登場します。色は8色に制限されるので、まず好きな色味を選びましょう。もし、ストライプ（縞模様）を好むのであれば、真ん中のひし形部分で色を繰り返して使うこともできます。ポメグラネイトを上手に仕上げるコツは、まず輪郭をうまく刺すこと。そして残りの部分を素敵な色のウールを使って刺し埋めていきます。

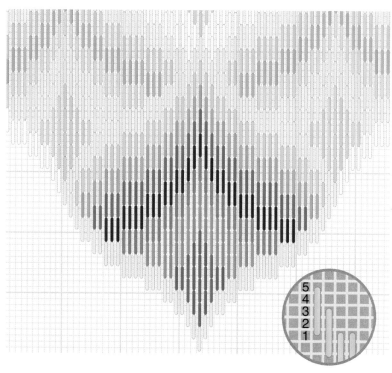

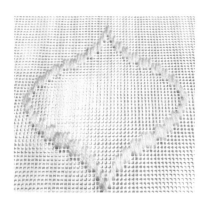

1　キャンバスの中心点（p.24 参照）から左へ向かって 24 目数え、そこから 3 目下に針を出し、1つめの 5 目のステッチを刺します。チャート通りにポメグラネイトの輪郭を仕上げます。

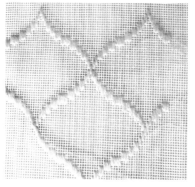

2　ポメグラネイトの輪郭を繰り返して、キャンバスを好きなだけ埋めていきます。

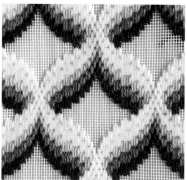

3　8色の糸を使って、ポメグラネイトを仕上げていきます。

必要な材料と用具

毛糸

　輪郭用の糸 40g
　＊このサンプラーではペールレモン
　そのほかの糸 各20g
　＊色のストライプ（縞模様）を繰り返したい
　場合は2倍にする

インターロックキャンバス（10CT）
　22cm × 22cm（出来上がり寸法）
　＊ゆとり分として周り（上下左右）に2cm、
　大きめに用意する。

タペストリー針

Pale lemon ペールレモン

Lime green ライムグリーン

Chartreuse シャートルーズ

Cabbage green キャベジグリーン

Forest green フォレストグリーン

Gold lurex ゴールドルレックス

Light Prussian blue ライトプルシアンブルー

Electric blue エレクトリックブルー

孔雀の羽の目にインスピレーションを得たデザインです。自然界にある贅沢な色調をそのまま取り入れました。

POMEGRANATES
ポメグラネイト

バリエーション I

必要な材料と用具

毛糸 ＊アクリル（DK）を組み合わせて使用
　輪郭用の糸 40g
　＊このサンプラーではライトペパーミント
　そのほかの糸 各20g
インターロックキャンバス（10CT）
　22cm × 22cm（出来上がり寸法）
　＊ゆとり分として周り（上下左右）に2cm、
　大きめに用意する。
タペストリー針

　　Light peppermint ライトペパーミント
　● Sea foam シーフォーム
　● Magenta マゼンタ
　● Bubblegupink バブルガムピンク
　● Teal with glitter ティール（ラメ入り）
　　Mint ミント
　● Lilac ライラック
　● Pale lilac ペールライラック

このポメグラネイトは、p.69のサンプラーより
色のコントラストが強く、相反する色の違い
が際立っています。中心の2色、ライラック
とペールライラックのグラデーションで優雅
さを、マゼンタとバブルガムピンクの組み合
わせで賑やかさを表現。まるで熟したポメグ
ラネイトに隠れた宝物のようです。

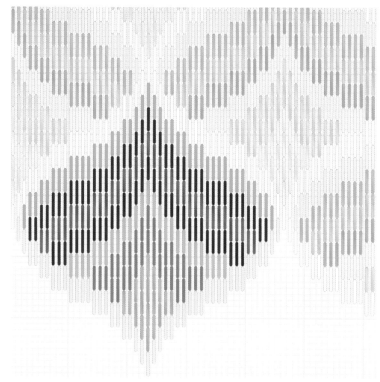

バリエーション 2

必要な材料と用具

毛糸 ＊アクリル（DK）を組み合わせて使用
　輪郭用の糸 40g
　＊このサンプラーではクラシックイエロー
　そのほかの糸 各20g
インターロックキャンバス（10CT）
　22cm × 22cm（出来上がり寸法）
　＊ゆとり分として周り（上下左右）に 2 cm、
　大きめに用意する。
タペストリー針

- Classic yellow クラシックイエロー
- Navy ネイビー
- Fluorescent purple フローレッセント（蛍光色）パープル
- Cream クリーム
- Deep mustard ディープマスタード
- Pale lemon ペールレモン
- Fields of gold フィールズオブゴールド

暖かい秋の色合いをイメージしたサンプラー。
マスタード、ネイビー、パープルを組み合わ
せることではっきりしたラインが生まれ、シッ
クで洗練された仕上がりになっています。

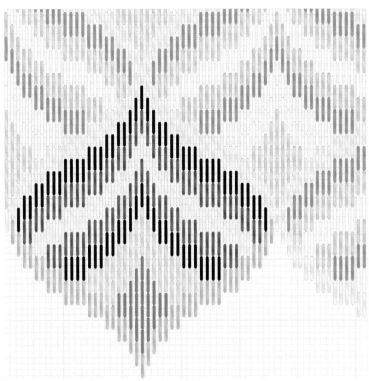

ポメグラネイト　バリエーション３
（サンプラー）　p.74参照

ポメグラネイト　バリエーション4
（サンプラー）　p.74 参照

POMEGRANATES
ポメグラネイト

バリエーション 3
p.72 参照

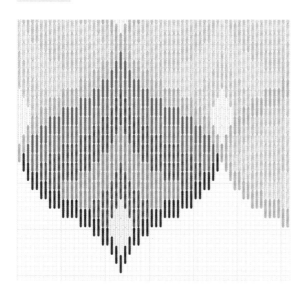

必要な材料と用具

毛糸 ＊アクリル（DK）を組み合わせて使用
　輪郭用の糸 .... 40g ＊このサンプラーではラスト
　そのほかの糸 .... 各 20g
インターロックキャンバス（10CT）.... 22cm × 22cm（出来上がり寸法）
　＊ゆとり分として周り（上下左右）に 2 cm、大きめに用意する。
タペストリー針

- Rust ラスト
- Vintage petrol blue ビンテージペトロールブルー
- Mustard マスタード
- Fluorescent purple フローレッセント（蛍光色）パープル
- Signal red シグナルレッド
- Sage green セージグリーン
- Fuchsia フューシャ
- Neon yellow ネオンイエロー

ポメグラネイトの応用版です。70年代のテキスタイルや色をヒントに、独特の色味を並べてみました。

バリエーション 4
p.73参照

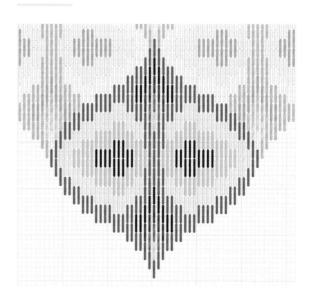

必要な材料と用具

毛糸 ＊アクリル（DK）を組み合わせて使用
　輪郭用の糸 .... 30g ＊このサンプラーではエメラルドグリーン
　中心部の糸 .... 各 20g ＊このサンプラーではロイヤルパープル
　そのほかの糸 .... 各 5g
インターロックキャンバス（10CT）.... 22cm × 22cm（出来上がり寸法）
　＊ゆとり分として周り（上下左右）に 2 cm、大きめに用意する。
タペストリー針

- Emerald green エメラルドグリーン
  Pale lime ペールライム
- Candy green キャンディグリーン
- Royal purple ロイヤルパープル
- Currant カラント
- Fluorescent purple フローレッセント（蛍光色）パープル
- Lilac ライラック

ポメグラネイトに新たな遊び心を加えてみました。まったく同じ輪郭を使いつつ、数種類のシンプルなステッチを用いることで、輪郭の内側に今までとは違う新しいパターンが生まれました。

POMEGRANATES
ポメグラネイト

ホットピンクがアクセントとなった
パステルの世界。まるで明るい春を
思わせるポメグラネイトが、この椅
子に新たな息吹を吹き込みます。写
真のカバーは、座面は大きい模様に、
側面は目数を変えて小さな模様にし
ています。模様は同じ大きさでもい
いので、お好みで。制作するときは、
寸法に合わせて目数を数えるように
しましょう。

BASKET WEAVE
バスケット・ウィーブ

このデザインはパラレル・ブリック・ステッチを対にしたり、
斜めの段で交差させたりして、織りのような見ためを表現して
います。

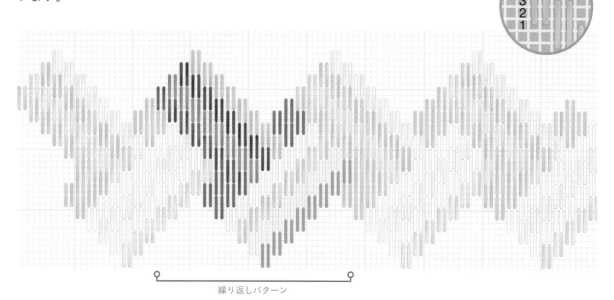

繰り返しパターン

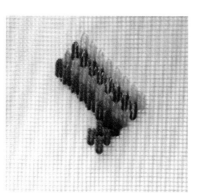

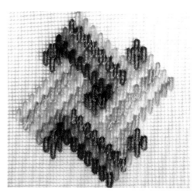

1 キャンバスの中心に印をつけ、その上に
5目のステッチを4本刺してひし形を作
ります。ひし形の右側の真ん中から新し
い糸（このサンプラーではラズベリー）
で2本1組のクライミング・ステッチを
刺し、各ステッチの中心から上に対角線
上に、ピンク系の糸で合計8組のステッ
チを刺していきます。

2 工程1の段に沿って、色を変えながら上
に3段と続けます。

3 ひし形に戻り、イエロー系の糸4色で8
組のクライミング・ステッチを4段繰り
返します。ピンク系とイエロー系の帯状
のバンドが交差するところに、新たにひ
し形を刺し、キャンバス全体が埋まるま
で工程1〜3を続けます。

必要な材料と用具

毛糸........各5g
　＊アクリル（DK）を組み合わせて使用
インターロックキャンバス（10CT）
　22cm × 22cm（出来上がり寸法）
　＊ゆとり分として周り（上下左右）に2cm、
　大きめに用意する。
タペストリー針

Scouting green スカウティンググリーン

Raspberry ラズベリー

Pink ピンク

Raspberry with cotton fleck ラズベリー（コットン糸入り）

Pale pink ペールピンク

Primrose プリムローズ

Apricot with cotton fleck アプリコット（コットン糸入り）

Bright lemon ブライトレモン

Sunshine gold サンシャインゴールド

ポップな夏の色合いのラズベリーとアプリコット。明るいバスケット・ウィーブが出来上がりました。草の生い茂ったようなグリーンのアクセントは、まるで自然の中にいる気持ちにさせてくれます。

BASKET WEAVE
バスケット・ウィーブ

バリエーション I

必要な材料と用具

毛糸........各5g
　＊アクリル（DK）を組み合わせて使用
インターロックキャンバス（10CT）
　22cm × 22cm（出来上がり寸法）
　＊ゆとり分として周り（上下左右）に2cm、
　大きめに用意する。
タペストリー針

● Scouting green スカウティンググリーン
● Burnt orange バーントオレンジ
● Tangy orange タンギーオレンジ
● Tangerine タンジェリン
○ Sand サンド
● Fields of gold フィールズオブゴールド
● Mustard マスタード
○ Golden sultana ゴールデンサルタナ
○ Pineapple パイナップル

みずみずしさがあふれるタンジェリン（みか
ん）やパイナップルなどのフルーツの色合い。
古典的なバルジェロのグラデーションが鮮や
かな色調でよみがえりました。

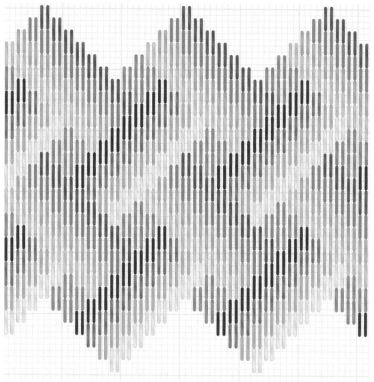

バリエーション 2

必要な材料と用具

毛糸........各5g
　＊アクリル（DK）を組み合わせて使用
インターロックキャンバス（10CT）
　22cm × 22cm（出来上がり寸法）
　＊ゆとり分として周り（上下左右）に2cm、
　大きめに用意する。
タペストリー針

● Gold lurex ゴールドルレックス
　 Peach kiss ピーチキス
　 Baby pink ベビーピンク
● Tangerine タンジェリン
● Raspberry ラズベリー
　 Nude ヌード
　 Pale pink ペールピンク
● Tangy orange タンギーオレンジ
● Party purple パーティーパープル

バスケット・ウィーブに違う角度からアプローチして出来上がったデザインです。ブロック状に鮮やかな色を重ね、同じトーンの抑えた色合いを対照的に合わせました。楽しげなフルーツの色調を表現しています。

BASKET WEAVE
バスケット・ウィーブ

バリエーション 3

必要な材料と用具

毛糸........各 5 g
　＊アクリル（DK）を組み合わせて使用
インターロックキャンバス（10CT）
　22 cm × 22 cm（出来上がり寸法）
　＊ゆとり分として周り（上下左右）に 2 cm、
　大きめに用意する。
タペストリー針

● Sunshine gold サンシャインゴールド
　Cream クリーム
　Tortilla トルティーヤ
● Softest beige ソフテストベージュ
● Golden brown ゴールデンブラウン
● Chocolat チョコレート
● Bottle brown ボトルブラウン
● Fawn フォーン
● Mink ミンク
　Primrose プリムローズ

＊このデザインでは、
ひし形の色が斜めに繰り返されますが、
色は水平に交互になっています。

ナチュラルな色合いの伝統的なバスケット・
ウィーブのデザインです。朝のまぶしい光が
午後の柔らかい陽射しへと移り変わる様子を
描き、素朴な雰囲気のグラデーションが完成
しました。

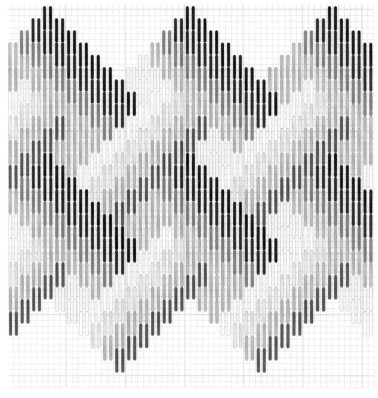

バリエーション 4

必要な材料と用具

毛糸 ＊アクリル（DK）を組み合わせて使用
　レディバード 15g
　サンシャインイエロー... 15g
　ブルールレックス............ 3g
インターロックキャンバス（10CT）
　22cm × 22cm（出来上がり寸法）
　＊ゆとり分として周り（上下左右）に 2cm、
　大きめに用意する。
タペストリー針

● Blue lurex ブルールレックス
◐ Ladybird レディバード
○ Sunshine yellow サンシャインイエロー

大胆な原色の配色でバスケット・ウィーブの
シンプルなよさがさらに際立っています。子
どもの頃に大好きだったレゴブロックを思い
出しながら、色のブロックで織りなすストラ
イプ模様を表現しました。

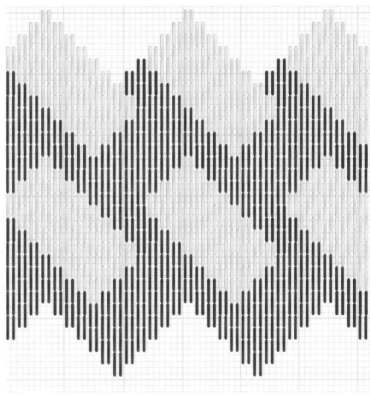

FANCY YARN
ファンシー・ヤーン

このバスケット・ウィーブ（p.76 参照）は、ひし形に使っ
たフェザードマルチの毛糸の元気あふれる色に合わ
せてデザインしました。けば立ちのあるきらびやかな
毛糸は、デザインにテクスチャーと豪華さを与えてく
れます。面をうまく埋めて厚みが出るように、ここで
使ったメタリック糸はすべて 2 本どりにしました。

- ● Feathered multi フェザードマルチ
- ● Electric blue エレクトリックブルー
- ● Metallic orange メタリックオレンジ
- ● Neon pink ネオンピンク
- ● Metallic yellow メタリックイエロー
- ● Metallic turquoise メタリックターコイズ
- ● Tangy orange タンギーオレンジ
- ● Metallic pink メタリックピンク
- ● Marigold マリーゴールド

BASKET WEAVE
バスケット・ウィーブ

夏らしい雰囲気のバスケット・ウィー
ブが、ドラマチックでユニークなラン
プシェードになりました。始める前に、
ランプシェードの周囲の寸法を正確に
測りましょう。色調は明るめを選んで。
不透明度の低いモノキャンバスは適度
な硬さもあり、おすすめです。

BOXED HUNGARIAN POINT

ボックスト・ハンガリアン・ポイント

ハンガリアン・ポイントの中で、最もシンプルで規則的なデザインです。短いステッチと長いステッチを同じデザインの中に素敵に取り入れています。通常9色を使いますが、もっとシンプルに5色使いにすることもできます。スカラップライン（ここではゴールドのルレックス）から始めて、その上を沿う形で次の4色を刺して「ボックス」を作っていくのがこのデザインでの大切なポイントです。

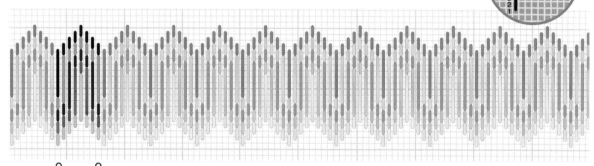

繰り返しパターン

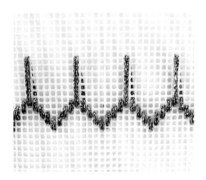

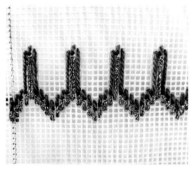

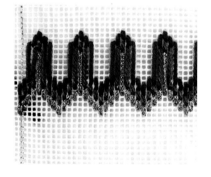

1 キャンバスの左側、およそ半分上のところから開始し、3目のブリック・ステッチを4つ、9目の長いステッチを1つ、下向きの3つのブリック・ステッチを続けると、反転したY字型になります。段の最後までこの手順で8目1模様を繰り返します。

2 糸の色を変え、チャート通りのステッチの長さで、最初の段に沿う形で真上に刺していきます。

3 糸の色をさらに3回変え、3段を完成させ、キャンバス全体が埋まるまで、工程1～3を繰り返していきます。

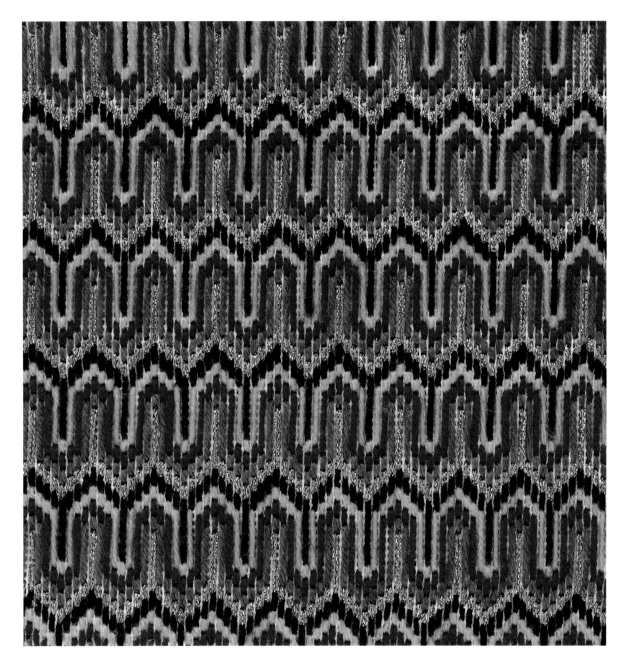

必要な材料と用具

毛糸........各5g
　＊アクリル（DK）、ゴールドルレックス 2 ply
　（2本どりで4ply使い）を組み合わせて使用
インターロックキャンバス（10CT）
　22cm × 22cm（出来上がり寸法）
　＊ゆとり分として周り（上下左右）に 2 cm、
　大きめに用意する。
タペストリー針

● Gold lurex ゴールドルレックス
● Mauve モーブ
● Fuchsia フューシャ
● Sunshine gold サンシャインゴールド
● Purple パープル

かつてのボヘミア王国を思い起こ
させる贅沢で華やかな色使いと、
伝統的な王室の色を取り入れてみ
ました。バルジェロのいわれとな
ったロマンスを彷彿とさせます。

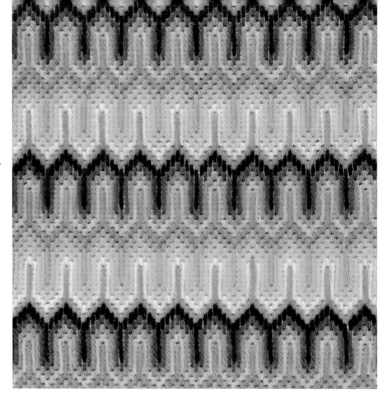

BOXED
HUNGARIAN
POINT
ボックスト・ハンガリアン・ポイント

バリエーション Ⅰ

必要な材料と用具

毛糸........各5g
＊アクリル（DK）を組み合わせて使用
インターロックキャンバス（10CT）
22cm × 22cm（出来上がり寸法）
＊ゆとり分として周り（上下左右）に2cm、
大きめに用意する。
タペストリー針

⬤ Saffron yellow サフランイエロー
⬤ Pale lavender ペールラベンダー
⬤ Mid lavender ミッドラベンダー
⬤ Deep lavender ディープラベンダー
⬤ Purple パープル
　 Light peppermint ライトペパーミント
⬤ Peppermint ペパーミント
⬤ Deep peppermint ディープペパーミント
⬤ Heather green ヘザーグリーン

ラベンダーとペパーミントのグラデーション。
落ち着いたパステルの色は、香り高いハーブ
の美しくもバラエティに富んだ色合いを反映
しています。

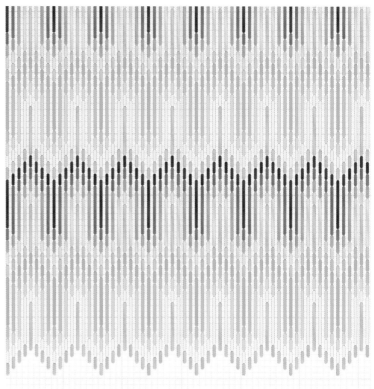

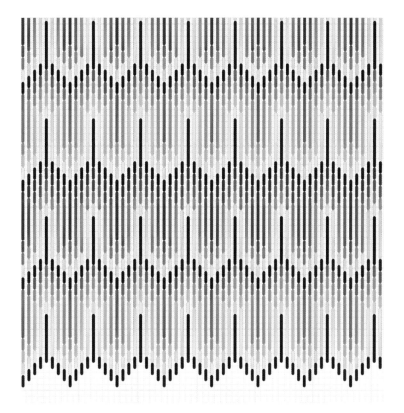

バリエーション 2

必要な材料と用具

毛糸........各5g
　＊アクリル（DK）を組み合わせて使用
インターロックキャンバス（10CT）
　22cm × 22cm（出来上がり寸法）
　＊ゆとり分として周り（上下左右）に2cm、
　大きめに用意する。
タペストリー針

- ● Chocolate チョコレート
- ○ Pale pink ペールピンク
- ◎ Raspberry with cotton fleck ラズベリー (コットン糸入り)
- ● Bubblegum pink バブルガムピンク
- ● Deep raspberry ディープラズベリー
- ○ Pineapple パイナップル
- ◎ Apricot with cotton fleck アプリコット (コットン糸入り)
- ● Tangy orange タンギーオレンジ
- ● Burnt orange バーントオレンジ

バルジェロの伝統的なグラデーションをラズ
ベリーとタンジェリンの魅力的な色調で表現
しました。趣のある色味に合わせた古風な
チョコレートがノスタルジックで懐古的な雰
囲気を醸し出しています。

BOXED
HUNGARIAN
POINT
ボックスト・ハンガリアン・ポイント

バリエーション　3

必要な材料と用具

毛糸.......各5g
　＊アクリル（DK）を組み合わせて使用
インターロックキャンバス（10CT）
　22cm × 22cm（出来上がり寸法）
　＊ゆとり分として周り（上下左右）に2cm、
　大きめに用意する。
タペストリー針

- Mustard マスタード
- Neon orange ネオンオレンジ
- Mauve モーブ
- Fluorescent purple フローレッセント（蛍光色）パープル
- Magenta マゼンタ
- Neon green ネオングリーン
- Lemongrass レモングラス
- Pistachio ピスタチオ
- Chestnut チェスナット

ワクワクするような鮮やかなビンテージの色
味と対照的なネオン。明るく強烈な色の世界
を元気いっぱいに表現しています。

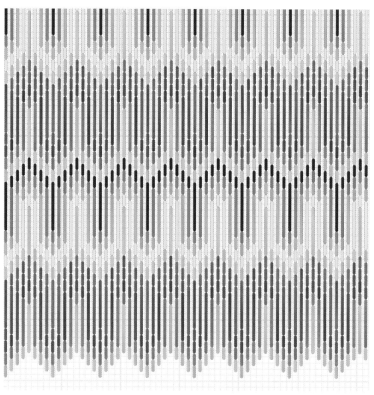

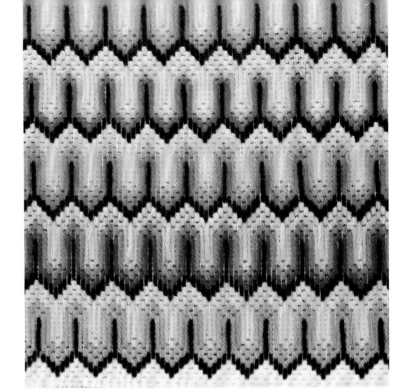

バリエーション　4

必要な材料と用具

毛糸……各5g
　＊アクリル（DK）を組み合わせて使用
インターロックキャンバス（10CT）
　22cm × 22cm（出来上がり寸法）
　＊ゆとり分として周り（上下左右）に2cm、
　大きめに用意する。
タペストリー針

● Chocolate チョコレート	● Moody blue ムーディーブルー
● Lavender blue ラベンダーブルー	● Sky blue スカイブルー
● Lavender ラベンダー	● Baby blue ベビーブルー
● Lilac ライラック	● True rose トゥルーローズ
● Pale lilac ペールライラック	● Scots heather スコッツヘザー
● Paradise pin パラダイスピンク	● Pale pink ペールピンク
● Pink Blancmange ピンクブランマンジェ	● Lemon curd レモンカード
● Baby pink ベビーピンク	● Pale lemon ペールレモン
● Coral コーラル	● Cream クリーム
● Vintage peach ビンテージピーチ	
● Nude ヌード	
● Perfect peach パーフェクトピーチ	
● Denim デニム	

春から夏にかけて華々しくも繊細な輝きを放つアジサイ。満開の花の色に刺激され、伝統的なバルジェロのグラデーションをピンク、ブルー、ピーチ、ローズ、ライラック、レモンで作り出しました。

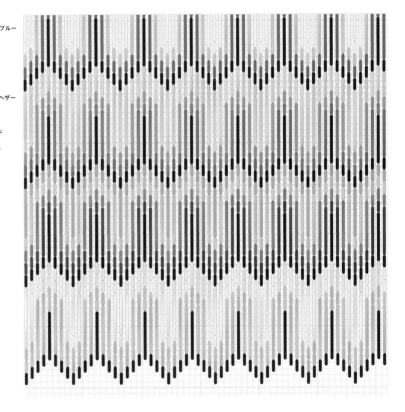

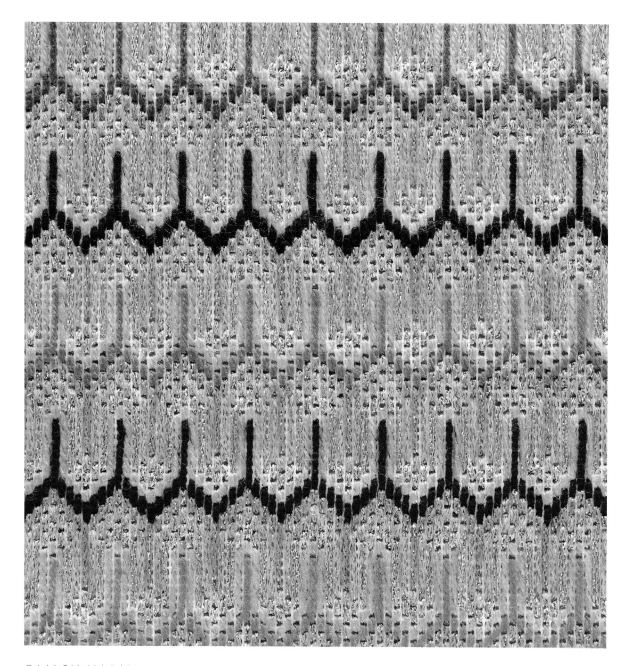

FANCY YARN
ファンシー・ヤーン

ボックスト・ハンガリアン・ポイント（p.84
参照）に、オリーブとクラレットの色合いを
取り入れました。伝統的なバルジェロのグ
ラデーションで光り輝くゴールドを引き立て、
その美しさを表現しています。

- ⬤ Champagne with glitter シャンパン（ラメ入り）
- ⬤ Gold lurex ゴールドルレックス
- ⬤ Gold with glitter ゴールド（ラメ入り）
- ⬤ Old gold with glitter オールドゴールド（ラメ入り）
- ⬤ Pea green ピーグリーン
- ⬤ Ruby ルビー
- ⬤ Lemongrass レモングラス
- ⬤ Claret クラレット
- ⬤ Olive オリーブ

BOXED
HUNGARIAN
POINT

ボックスト・ハンガリアン・
ポイント

ボックスト・ハンガリアン・ポイ
ントのサンプラーのステッチを4
倍のサイズにして、この素敵な壁
掛けが出来上がりました。大きく
したステッチを繰り返し用いる。
そんなシンプルな方法で、どんな
デザインも素晴らしい仕上がりに
なることを、モノキャンバスで仕
上げたこの作品が伝えています。

使用したステッチ
クライミング・ブリック・ステッチ（p.16 参照）
パラレル・ブリック・ステッチ（p.17 参照）
カーブ・ステッチ（p.18参照）

LOLLIPOPS ロリポップ

緑生い茂る夏のさわやかな海辺。そして訪れる秋。そんな移り
変わりの様子をサンプラーで描きました。大きなキャンバスを
埋めたり、サイズを小さくして洋服のワンポイントにしたり、
といったこともできるのが伝統的なロリポップです。

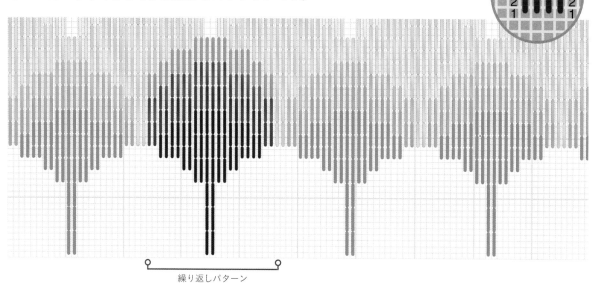

繰り返しパターン

1 ベースライン（p.24 の「刺し始める」の
写真参照）の左端から 22 目数えたとこ
ろから、5目2本を1組とするパラレル・
ステッチを3段繰り返します。その上に
同色で3段、色を変えて3段をチャート
通りに刺します。2段目の両側に3目の
ハーフステッチがあることに注意してく
ださい。

2 チャート通りに、次の3段の色を変えま
す。

3 キャンバスを斜め上に進むように、各ロ
リポップに対して工程1と2を繰り返し
ます。

必要な材料と用具

毛糸........各5g
　＊アクリル（DK）を組み合わせて使用
インターロックキャンバス（10CT）
　22cm × 22cm（出来上がり寸法）
　＊ゆとり分として周り（上下左右）に
　　2cm、大きめに用意する。
タペストリー針

● Blackberry ブラックベリー
● Currant カラント
● Vintage rose ビンテージローズ
● Rose ローズ
○ Classic yellow クラシックイエロー
　Bright lemon ブライトレモン
　Primrose プリムローズ
　Pale lemon ペールレモン

● Denim デニム
● Azure アズール
● Sky blue スカイブルー
● Turquoise ターコイズ
● Pear ペアー
○ Candy green キャンディグリーン
○ Bright green ブライトグリーン
　Lemongrass レモングラス

モチーフを用いた象徴的なデザインのロリポップ。伝統的なバルジェロのグラデーションを4つの色合いで美しく表現しています。テクスチャーのある毛糸を使うとこのデザインのよさがさらに際立ちました。

LOLLIPOPS ロリポップ

バリエーション I

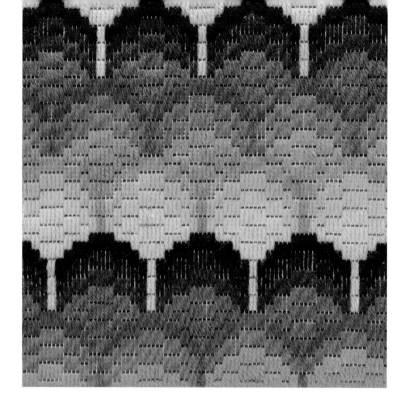

必要な材料と用具

毛糸........各5g
　＊アクリル（DK）を組み合わせて使用
インターロックキャンバス（10CT）
　22cm × 22cm（出来上がり寸法）
　＊ゆとり分として周り（上下左右）に2cm、
　大きめに用意する。
タペストリー針

● Mulberry マルベリー
● Violet バイオレット
● Grape グレープ
● Mauve モーブ
○ Aquamarine アクアマリン
● Light Prussian blue ライトプルシアンブルー
● Electric blue エレクトリックブルー
● Azure アズール
● Vintage peach ビンテージピーチ
● Orange オレンジ
● Terracotta テラコッタ
● Burnt orange バーントオレンジ

オレンジ、ブルー、モーブといったお互いを
引き立てる色を組み合わせた典型的なサンプ
ラー。ロリポップの色調が明るい色から暗い
色へグラデーションになって変化しています。

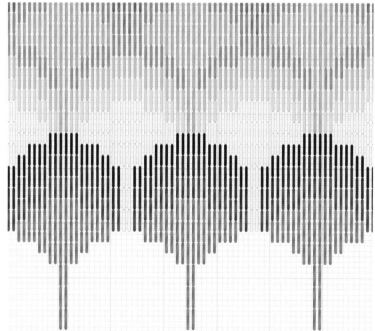

バリエーション2

必要な材料と用具

毛糸.......各20g
　＊アクリル（DK）を組み合わせて使用
インターロックキャンバス（10CT）
　22cm × 22cm（出来上がり寸法）
　＊ゆとり分として周り（上下左右）に2cm、
　大きめに用意する。
タペストリー針

⬤ Mulberry マルベリー
⬤ Mauve モーブ
○ Blonde ブロンド

キャンディショップから飛び出したようなマ
ルベリーとモーブ、暖かみのあるブロンドの
組み合わせ。たった3色の色使いで愛らしい
パターンを作り上げています。このパターン
と次のページで紹介するサンプラーはまった
く同じパターンを使っていますが、配色で変
化を加えました。

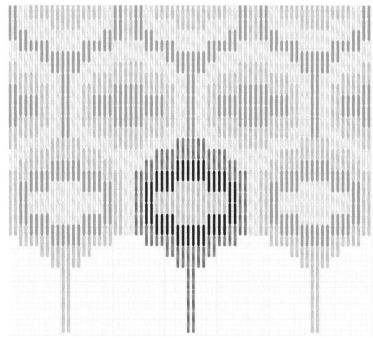

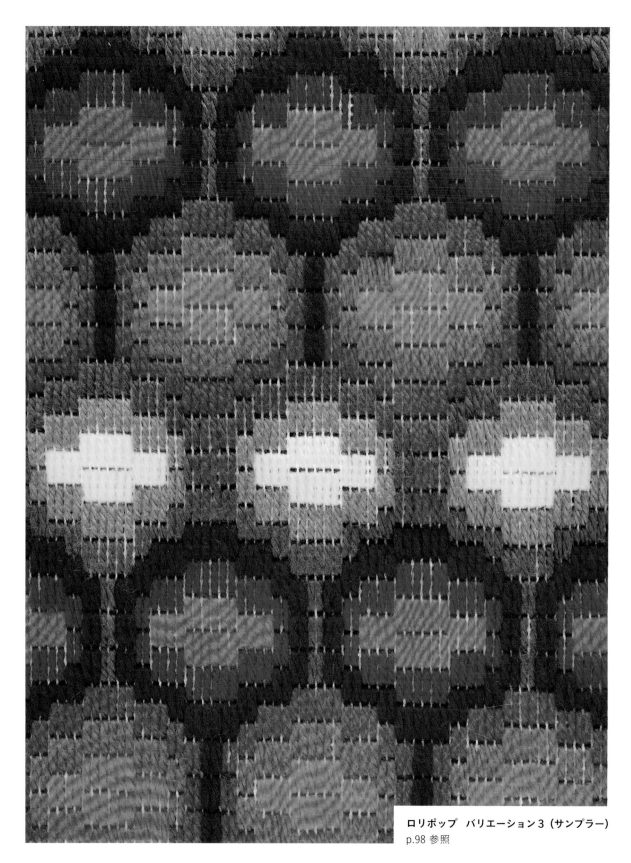

ロリポップ　バリエーション 3（サンプラー）
p.98 参照

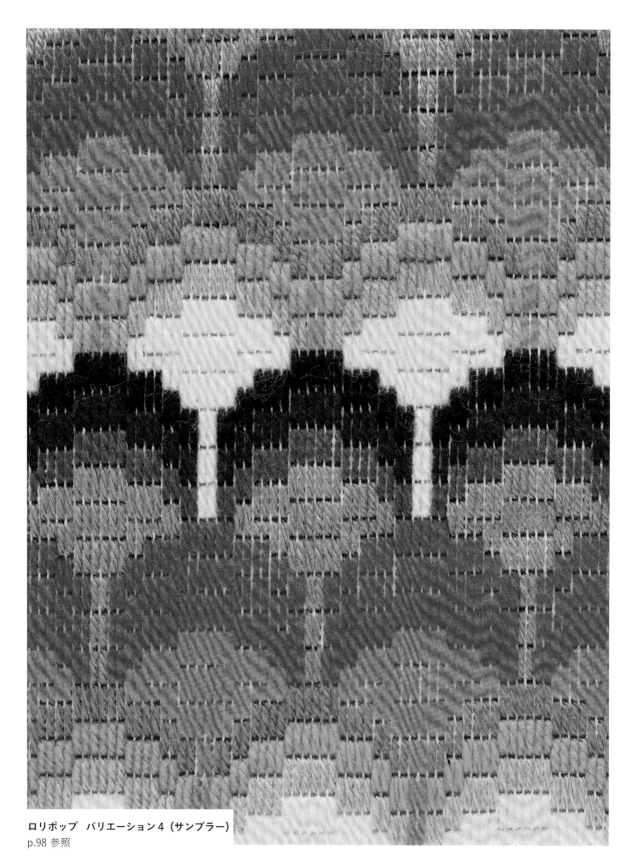

ロリポップ　バリエーション4（サンプラー）
p.98 参照

LOLLIPOPS ロリポップ

バリエーション 3
p.96参照

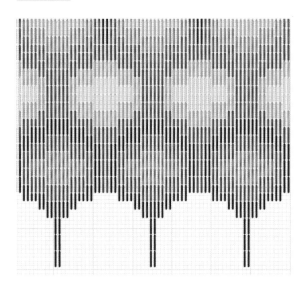

バリエーション 4
p.97参照

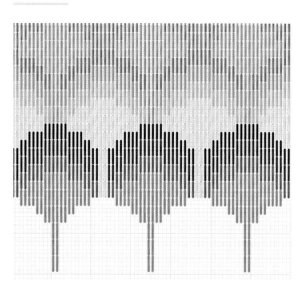

必要な材料と用具

毛糸........各5g
　＊アクリル（DK）を組み合わせて使用
インターロックキャンバス（10CT）
　22cm × 22cm（出来上がり寸法）
　＊ゆとり分として周り（上下左右）に2cm、
　大きめに用意する。
タペストリー針

- Claret クラレット
- Cherry red チェリーレッド
- Bubblegum pink バブルガムピンク
- Olive オリーブ
- Light olive ライトオリーブ
- Neon green ネオングリーン
- Fox フォックス
- Burnt orange バーントオレンジ
- Neon orange ネオンオレンジ

暖かい秋の色調のグリーン、レッド、オレンジ系の
色味の中にネオンが輝きます。

必要な材料と用具

毛糸........各5g
　＊アクリル（DK）を組み合わせて使用
インターロックキャンバス（10CT）
　22cm × 22cm（出来上がり寸法）
　＊ゆとり分として周り（上下左右）に2cm、
　大きめに用意する。
タペストリー針

- Fawn フォーン
- Sable セーブル
- Chocolate チョコレート
- Darkest brown ダーケストブラウン
- Pale lemon ペールレモン
- Dijon mustard ディジョンマスタード
- Mustard マスタード
- Fields of gold フィールズオブゴールド
- Pink ピンク
- Bubblegum pink バブルガムピンク
- Magenta マゼンタ
- Deep raspberry ディープラズベリー

このデザインでは、チョコレートブラウンと明るい
パステルの色合いを組み合わせました。デザートメ
ニューから選んださまざまなアイスクリームの色が
並びます。まるで食べてしまいたいほど可愛らしい
ですよね！

FANCY YARN
ファンシー・ヤーン

ロリポップデザイン（p.92 参照）のこのバージョンでは、それぞれのロリポップの上にティンセル・ウールの段が加わり、それに合わせた毛糸の色合いが広がります。

- Yellow green イエローグリーン
- Pear ペアー
- Pale green tinsel wool ペールグリーンティンセルウール
- Mauve モーブ
- Fluorescent purple フローレッセント（蛍光）パープル
- Purple/silver tinsel wool パープル/シルバーティンセルウール
- Orange オレンジ
- Tangy orange タンギーオレンジ
- Orange tinsel wool オレンジティンセルウール

上 級

もっともっとたくさんのバルジェロを楽しんでみませんか？
色数を増やしたり、ステッチの大きさを変えたり、
さらに複雑なデザインを通してスキルを磨き
作品制作への意識を高めていきましょう。
連なる色のグラデーションが美しいレトロは、
70年代のオマージュ作品。
伝統的なハンガリアン・ポイントは、
スキル向上にうってつけのデザインでさまざまに応用できます。
集大成の作品として魅惑的で素晴らしいランタンをご用意しました。

RETRO レトロ

このデザインのコツは、まず中央の楕円から始めて、続けてほかの楕円の輪郭を作っていくことです。そして、楕円の内側の帯状の部分を埋めていきます。最後に、楕円と楕円の間にあるひし形を刺し埋めていきましょう。

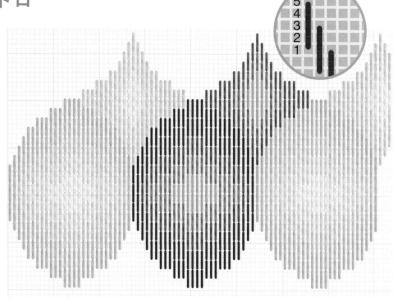

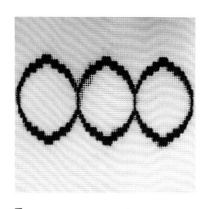

1 キャンバスの中心点（p.24 参照）から、左 14 目のところに最初のステッチを刺し、チャート通りに、カーブ・ステッチで楕円の上半分を作ります。そして楕円の下半分を刺し、ステッチの開始点に戻ります。この手順を繰り返して、さらに2つの楕円を作ります。

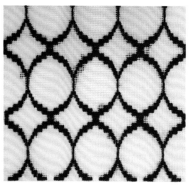

2 残りの楕円を刺してキャンバスを埋めていきます。

3 楕円の内側はカーブ・ステッチで埋めます。まず上の部分を刺し、次に下の部分へと進みます。

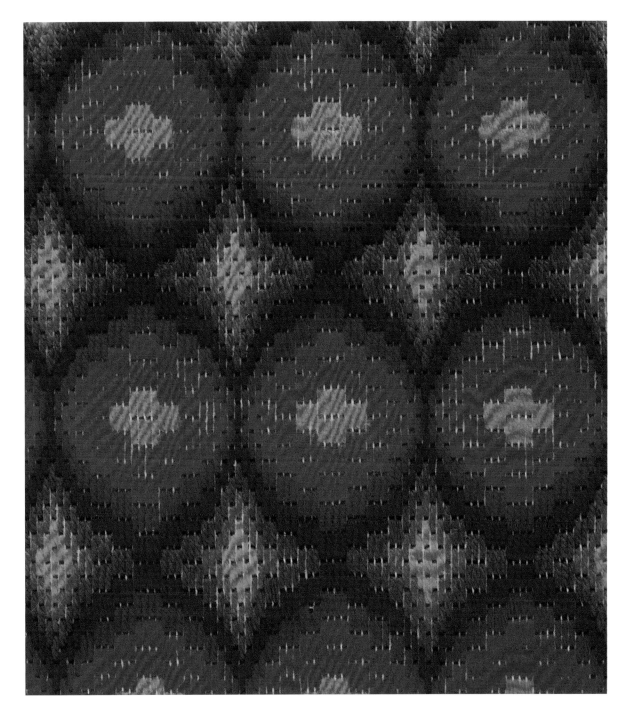

必要な材料と用具

毛糸........各5g
　＊アクリル（DK）を組み合わせて使用
インターロックキャンバス（10CT）
　22cm × 22cm（出来上がり寸法）
　＊ゆとり分として周り（上下左右）に2cm、
　　大きめに用意する。
タペストリー針

● Claret クラレット
● Ladybird レディバード
● Signal red シグナルレッド
● Bubblegum pink バブルガムピンク
● Pink ピンク
● Dusky pink ダスティピンク
● Vintage rose ビンテージローズ

レトロ調の神秘的なデザイン。まるで宝石のような色合いとくすんだピンクが見事に調和しています。

RETRO レトロ

バリエーション１

必要な材料と用具

毛糸.......各5g
　＊アクリル（DK）を組み合わせて使用
インターロックキャンバス（10CT）
　22cm × 22cm（出来上がり寸法）
　＊ゆとり分として周り（上下左右）に２cm、
　大きめに用意する。
タペストリー針

- ⬤ Dark olive ダークオリーブ
- ⬤ Army green アーミーグリーン
- ⬤ Olive オリーブ
- ⬤ Deep chartreuse ディープシャートルーズ
- ⬤ Pea green ピーグリーン
- ⬤ Pistachio ピスタチオ
- ⬤ Gold lurex ゴールドルレックス

オリーブのありとあらゆる色合いを用いたこ
のデザインは、まるで地中海にいるような気
持ちにさせてくれます。

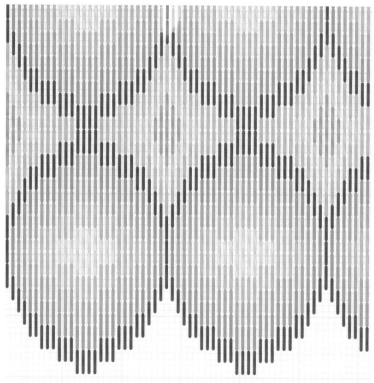

バリエーション 2

必要な材料と用具

毛糸........各5g
　＊アクリル（DK）を組み合わせて使用
インターロックキャンバス（10CT）
　22cm × 22cm（出来上がり寸法）
　＊ゆとり分として周り（上下左右）に2cm、
　大きめに用意する。
タペストリー針

- ● Rust ラスト
- ● Fox フォックス
- ● Burnt orange バーントオレンジ
- ● Yam ヤム
- ● Orange オレンジ
- ● Tangy orange タンギーオレンジ
- ● Neon orange ネオンオレンジ

重なり合うオレンジの魅惑的なグラデーション。光り輝く空を照らす荘厳な夕日が目に浮かぶようです。

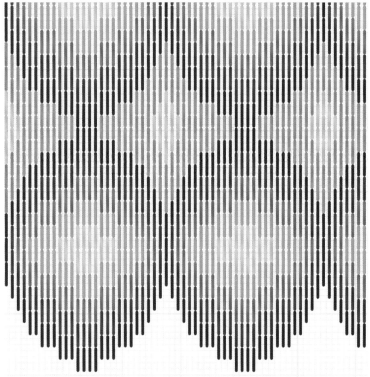

レトロ　バリエーション 3（サンプラー）
p.108 参照

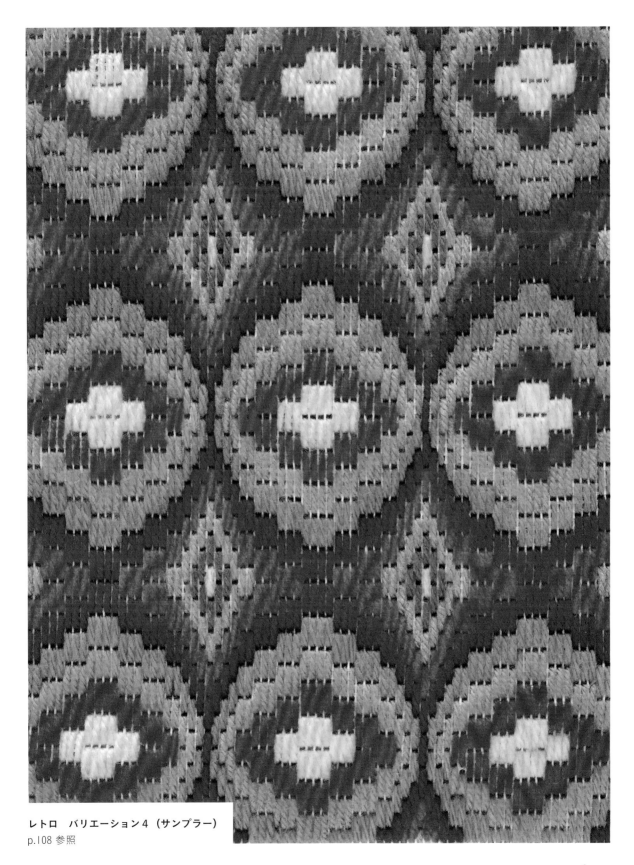

レトロ　バリエーション 4（サンプラー）
p.108 参照

RETRO レトロ

バリエーション 3
p.106参照

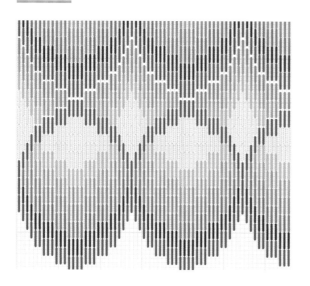

バリエーション 4
p.107参照

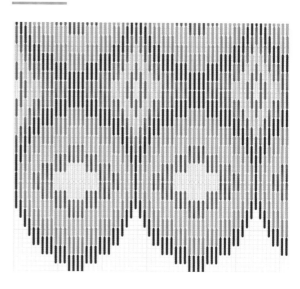

必要な材料と用具

毛糸........各5g
　＊アクリル（DK）を組み合わせて使用
インターロックキャンバス（10CT）
　22cm × 22cm（出来上がり寸法）
　＊ゆとり分として周り（上下左右）に2cm、
　大きめに用意する。
タペストリー針

- ● Iced gem with glitter アイストジェム（ラメ入り）
- ○ Baby blue ベビーブルー
- ○ Pale blue ペールブルー
- ○ Ice blue with glitter アイスブルー（ラメ入り）
- ○ Sky blue スカイブルー
- ● Airforce blue エアフォースブルー
- ● Denim デニム
- ● Admiral grey アドミラルグレー

必要な材料と用具

毛糸........各5g
　＊アクリル（DK）を組み合わせて使用
インターロックキャンバス（10CT）
　22cm × 22cm（出来上がり寸法）
　＊ゆとり分として周り（上下左右）に2cm、
　大きめに用意する。
タペストリー針

- ● Fuchsia フューシャ
- ● Teal ティール
- ○ Yam ヤム
- ● Magenta マゼンタ
- ○ Cream クリーム
- ● Bubblegum pink バブルガムピンク
- ○ Sky blue スカイブルー
- ● Royal blue ロイヤルブルー

アイスブルーの洗練された色調が、落ち着いた雰囲気のサンプラーを作り上げました。

ありとあらゆる楽しげな色を使った、鮮やかで明るいデザイン。見ているだけで笑顔になります。

RETRO
レトロ

ビンテージ感あふれたモダンな
クッション。現代的な明るい色調
を使ったレトロのデザインは、サ
ンルームからベッドルームにいた
るまで、あらゆる場所に似合います。

TRADITIONAL HUNGARIAN POINT

トラディショナル・ハンガリアン・ポイント

このデザインは、フィレンツェのバルジェロ美術館のオリジナルです。フォーク状のデザインには4色もしくは8色を使い、ステッチもたわまない長さなので、大小問わず、デザインに用いることができます。まず輪郭となる段（このサンプラーではティールの段）を作ることがポイントです。パターンの残りの部分は、ハンガリアン・ステッチで輪郭の段の周りを刺し進めて作っていきます。

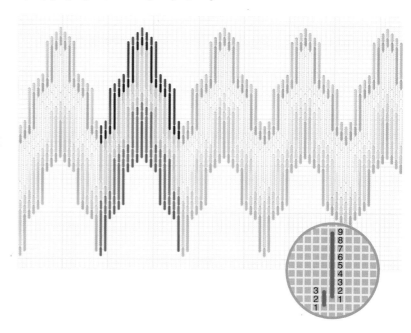

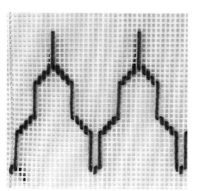

1 キャンバスの左端から刺し始め、チャート通りに、3目と9目を使ってティールの糸で輪郭となる段を刺します。

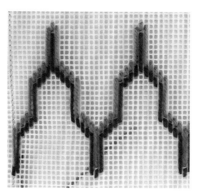

2 チャート通りに、工程1の段のすぐ真上の段をディープライムで刺していきます。

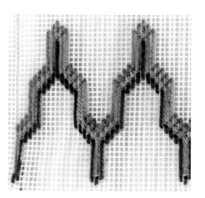

3 ミッドモーブの糸に変えて、3段目を刺し終えたら、4段目はペールモーブで刺していきます。次の4色の糸で工程1〜3を繰り返すと、1回目の色の繰り返しが出来上がりです。この方法を続けてデザインを完成させます。

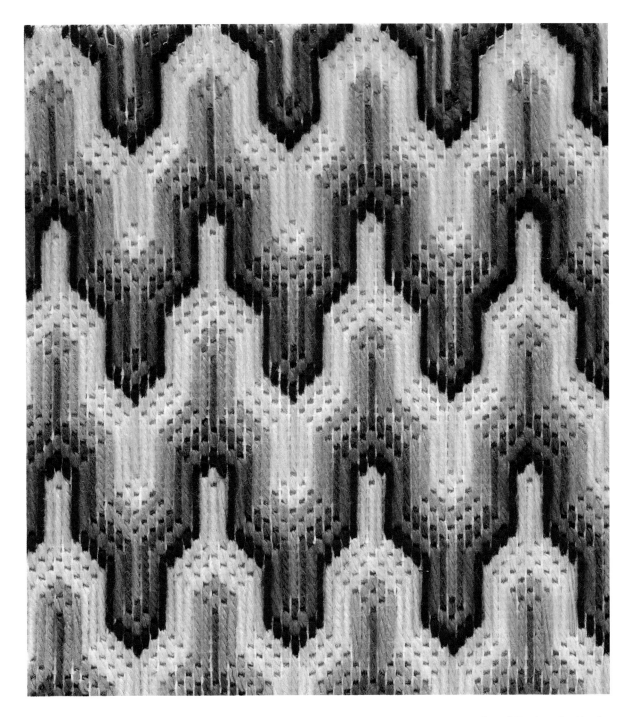

必要な材料と用具

毛糸........各5g
　＊アクリル（DK）を組み合わせて使用
インターロックキャンバス（10CT）
　22cm × 22cm（出来上がり寸法）
　＊ゆとり分として周り（上下左右）に
　2cm、大きめに用意する。
タペストリー針

● Teal ティール
　Deep lime ディープ
　　　　　　ライム
● Mid mauve ミッド
　　　　　　モーブ
　Pale mauve ペールモーブ
● Mint ミント

Lime ライム
● Blackberry ブラックベリー
● Fluorescent purple フローレッセント（蛍光色）
　　　　　　　　　　　　パープル

まるで英国のカントリーガーデンを思わせる色の世界。ブラックベリー、ティール、ライムの落ち着いた色合いが、濃い色味とパステル調の薄い色味で繰り返され、見事に調和しています。

TRADITIONAL HUNGARIAN POINT

トラディショナル・ハンガリアン・
ポイント

バリエーション 1

必要な材料と用具

毛糸........各5g
＊アクリル（DK）を組み合わせて使用
インターロックキャンバス（10CT）
22cm × 22cm（出来上がり寸法）
＊ゆとり分として周り（上下左右）に2cm、
大きめに用意する。
タペストリー針

- ⬤ Classic yellow クラシックイエロー
- ⬤ Sunshine gold サンシャインゴールド
- ⬤ Mustard マスタード
- ⬤ Magenta マゼンタ
- ⬤ Fluorescent purple フローレッセント（蛍光色）パープル
- ⬤ Mauve モーブ
- ⬤ Rust ラスト
- ⬤ Neon orange ネオンオレンジ

楽しげなサンシャインゴールドと、マゼンタ
やモーブといった実ものの色合いに、鮮やか
なネオンオレンジが織りなす明るい色の万華
鏡。針を進めながら、笑顔にあふれることで
しょう！

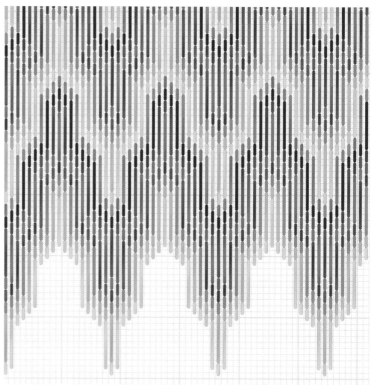

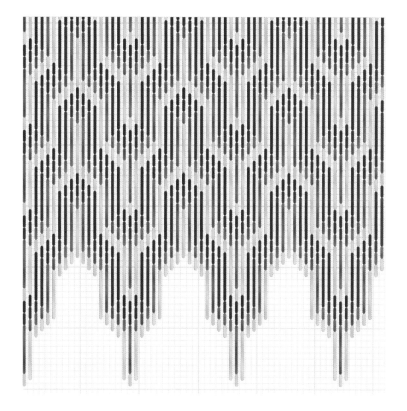

バリエーション　2

必要な材料と用具

毛糸........各8g
　＊アクリル（DK）を組み合わせて使用
インターロックキャンバス（10CT）
　22cm × 22cm（出来上がり寸法）
　＊ゆとり分として周り（上下左右）に2cm、
　大きめに用意する。
タペストリー針

- Mustard マスタード
- Cherry red チェリーレッド
- Ladybird レディバード
- Signal red シグナルレッド

わずか4色で作り上げられた大胆ながらもシンプルなハンガリアン・ポイントのサンプラー。しかも4色のうち3色はレッド系の色。色数を抑えてもデザイン次第でこのように素晴らしい作品になるのです。強調されたレッドにマスタードが調和し、メリハリのついた仕上がりになりました。

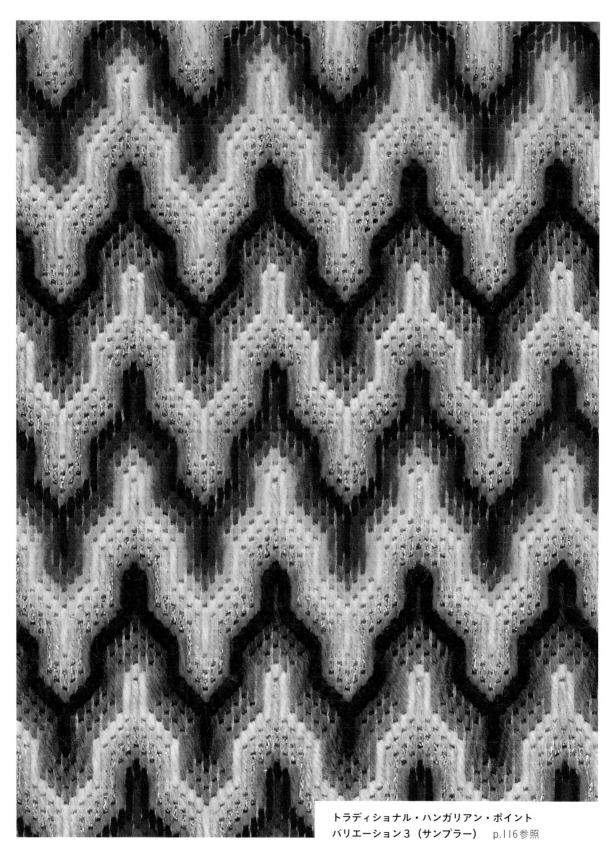

トラディショナル・ハンガリアン・ポイント
バリエーション３（サンプラー） p.116参照

**トラディショナル・ハンガリアン・ポイント
バリエーション4（サンプラー）**　p.116参照

TRADITIONAL HUNGARIAN POINT
トラディショナル・ハンガリアン・ポイント

バリエーション 3
p.114参照

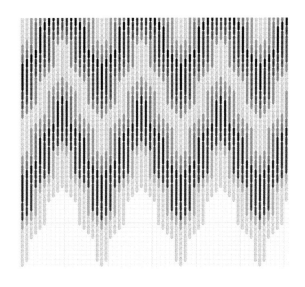

バリエーション 4
p.115参照

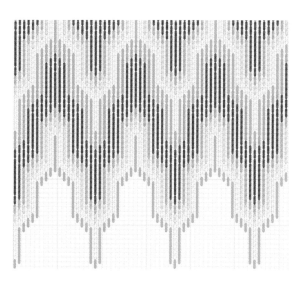

必要な材料と用具

毛糸........各5g
　＊アクリル（DK）、ゴールドルレックス2ply
　（2本どりで4ply使い）を組み合わせて使用
インターロックキャンバス（10CT）
　22cm×22cm（出来上がり寸法）
　＊ゆとり分として周り（上下左右）に2cm、大きめに用意する。
タペストリー針

● Rose ローズ
● Paradise pink パラダイスピンク
● Raspberry ラズベリー
● Mulberry マルベリー
● Burnt gold バーントゴールド
● Gold lurex ゴールドルレックス

Champagne with glitter シャンパン（ラメ入り）
Cream クリーム
● Mauv モーブ
● Fluorescent purple フローレッセント（蛍光色）パープル
● Heather ヘザー
● Darkest purple ダーケストパープル

＊このデザインでは、ロングステッチの目数が変わり、
間に5目挟む7目です。ショートステッチは変わらず3目です。

ロココのインテリアをヒントにしてロマンチックに表現しました。淡いピンクとモーブにクリームとゴールドを合わせ、穏やかながらも華やかな雰囲気を醸し出しています。

必要な材料と用具

毛糸........各5g
　＊アクリル（DK）を組み合わせて使用
インターロックキャンバス（10CT）
　22cm×22cm（出来上がり寸法）
　＊ゆとり分として周り（上下左右）に2cm、
　大きめに用意する。
タペストリー針

Silver lurex シルバールレックス
Cream クリーム
Oyster オイスター
Sand サンド
● Rose with glitter ローズ（ラメ入り）
● Violet with glitter バイオレット（ラメ入り）

● Light heather ライトヘザー
Grey mauve グレイモーブ

ロココのテーマに神秘的な趣きをプラスしたデザインです。贅沢なラメ入りのローズやバイオレットに、クリームやオイスターなどの大理石（マーブル）の色が映え、豪華さが加わりました。

TRADITIONAL
HUNGARIAN
POINT
トラディショナル・ハンガリアン・ポイント

伝統的なハンガリアン・ポイントもトレンディで格好いいショルダーバッグに合わせると、すっかりモダンなデザインに。この燃えるような明るい色合いは、どんな洋服にも合うんですよ！ この作品には使いやすくて丈夫なデュオキャンバスがおすすめです。

LANTERNS
ランタン

バルジェロの世界をさらに晴れやかにしてくれる魔法のランプのようなマジックランタン。この美しくも複雑なデザインは、ハンガリアン・ステッチのスキルと枠作りの力を生かして創作します。ぜひ自分らしい色を加えてみてください。グラデーションでもストライプでも、両方を組み合わせてもいいでしょう。さらにきらめきを加えれば、ランタンが一層輝きますよ。

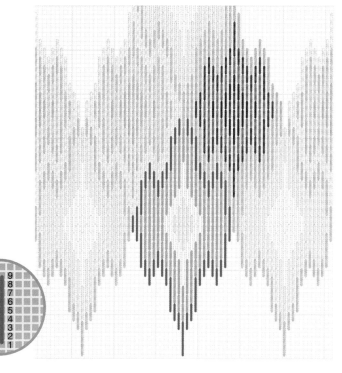

1 チャート通りに、クライミング・ブリック・ステッチを使ってキャンバスの中央にひし形の面を作ります。色を変え、ひし形の上部と下部を長いステッチで囲み、残りの部分をブリック・ステッチで囲んだら、再度色を変え、ひし形の縁に沿って、両側に翼の形を作り、ステッチでつなげます。

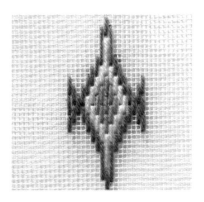

2 工程 1 と同じ方法で、外側の周りのステッチを刺し、モチーフを仕上げます。一番外側の色で、キャンバス全体にランタンの輪郭を作成します。

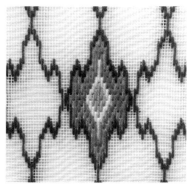

3 今度は、外側から内側に向かって刺していきます。チャート通りに、工程 1 と同じ方法で、内側に向かって残りのランタンを刺し進めます。

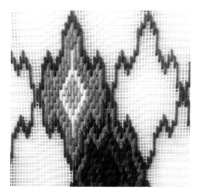

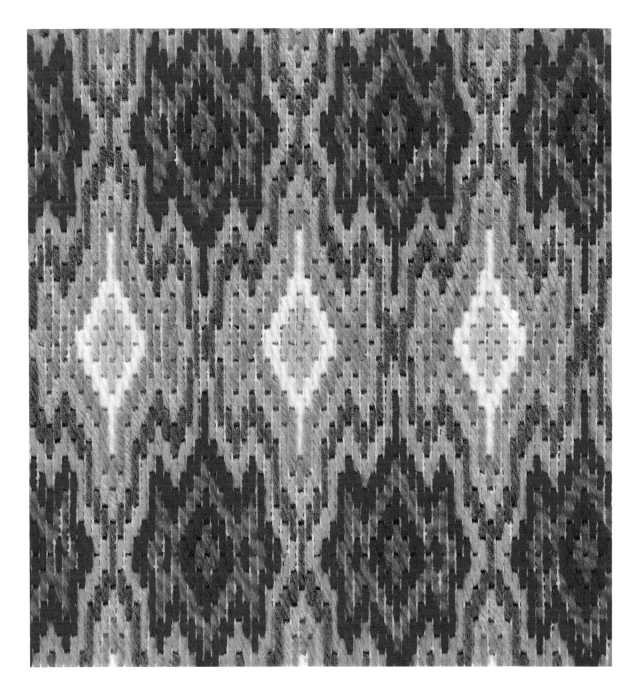

必要な材料と用具

毛糸........各5g
　＊アクリル（DK）を組み合わせて使用
インターロックキャンバス（10CT）
　22cm × 22cm（出来上がり寸法）
　＊ゆとり分として周り（上下左右）に2cm、
　大きめに用意する。
タペストリー針

- Chartreuse シャートルーズ
- Primrose プリムローズ
- Lemongrass レモングラス
- Fields of gold フィールズオブ
　　　　　　　　 ゴールド
- Orchard オーチャード
- Vintage peach ビンテージピーチ
- Signal red シグナルレッド

- Tangerine タンジェリン
- Ladybird レディバード
- Burnt orange バーントオレンジ

ウィリアム・モリスを彷彿とさせるランタンのデザイン。ナチュラルながら大胆な色味が、この独特のパターンの洗練さに一層磨きをかけています。

LANTERNS
ランタン

バリエーション 1

必要な材料と用具

毛糸........各5g
　＊アクリル（DK）を組み合わせて使用
インターロックキャンバス（10CT）
　22cm × 22cm（出来上がり寸法）
　＊ゆとり分として周り（上下左右）に2cm、
　大きめに用意する。
タペストリー針

Neon yellow ネオンイエロー
Lime green ライムグリーン
Golden olive ゴールドオリーブ
Pea green ピーグリーン
Olive オリーブ
Dark burgundy ダークバーガンディー
Claret クラレット
Burgundy バーガンディー
Raspberry ラズベリー
Magenta マゼンタ

さまざまな色に変わる地中海のグリーンを背景にした豊かなバーガンディーの組み合わせ。これこそ真のバルジェロのグラデーションといえるでしょう。どちらの色のランタンも、外から内へ向かって暗めの色から明るめの色へと魅惑的に変化しています。中央にある印象的なネオンイエローがサンプラーに輝きをもたらしました。

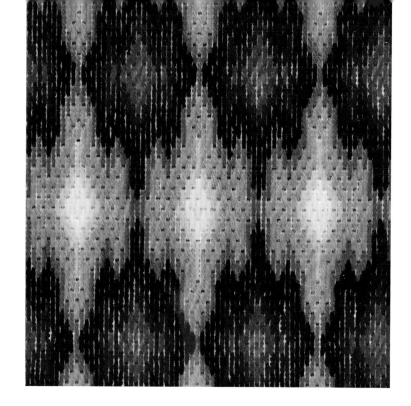

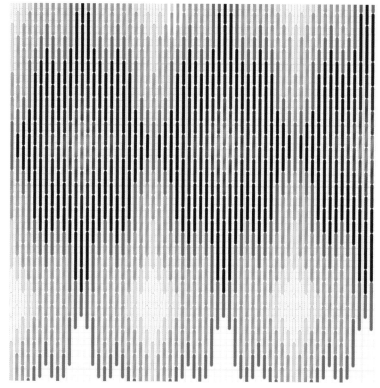

バリエーション 2

必要な材料と用具

毛糸.......各5g
　＊アクリル（DK）を組み合わせて使用
インターロックキャンバス（10CT）
　22cm × 22cm（出来上がり寸法）
　＊ゆとり分として周り（上下左右）に2cm、
　大きめに用意する。
タペストリー針

Cream クリーム

Bright Lemon ブライトレモン

Saffron サフラン

Apricot with cotton fleck アプリコット
（コットン糸入り）

Mustard マスタード

Baby pink ベビーピンク

Pink ピンク

Rose ローズ

Raspberry with cotton flec ラズベリー
（コットン糸入り）

Raspberry ラズベリー

みずみずしい柑橘系と熟したラズベリーの色調を使ったランタンの夏バージョン。コットン糸入りのアクリル毛糸をそれぞれのランタンに1段加えて、テクスチャーの面白さを際立たせています。

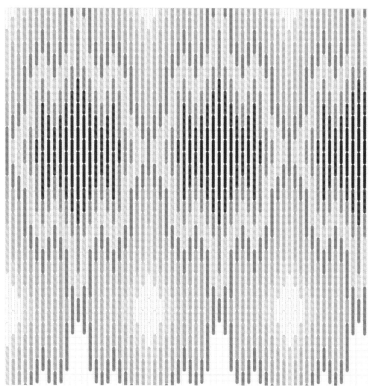

LANTERNS
ランタン

バリエーション　3

必要な材料と用具

毛糸........各5g
　＊アクリル（DK）、ゴールドルレックス2ply
　（2本どりで4ply使い）を組み合わせて使用
インターロックキャンバス（10CT）
　22cm × 22cm（出来上がり寸法）
　＊ゆとり分として周り（上下左右）に2cm、
　大きめに用意する。
タペストリー針

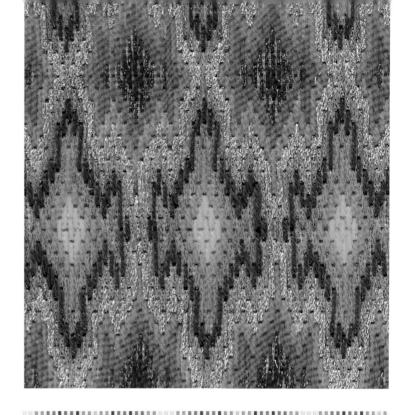

- ⬤ Turquoise ターコイズ
- ⬤ Azure アズール
- ⬤ Jade with glitter ジェード（ラメ入り）
- ⬤ Teal with glitter ティール（ラメ入り）
- ⬤ Old gold with glitter オールドゴールド（ラメ入り）
- ⬤ Silver lurex シルバールレックス
- ⬤ Neon orange ネオンオレンジ
- ⬤ Tangy orange タンギーオレンジ
- ⬤ Metallic orange メタリックオレンジ
- ⬤ Burnt orange with glitter バーントオレンジ（ラメ入り）

あでやかで魅惑的な70年代のシルバーとゴー
ルドの背景に、孔雀の羽のように鮮やかなブ
ルー系とオレンジ系の色が映えます。

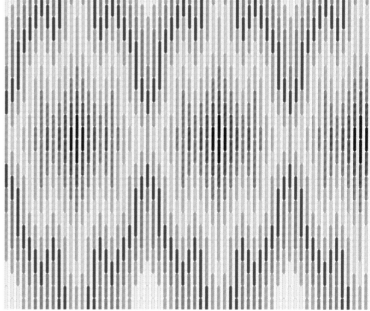

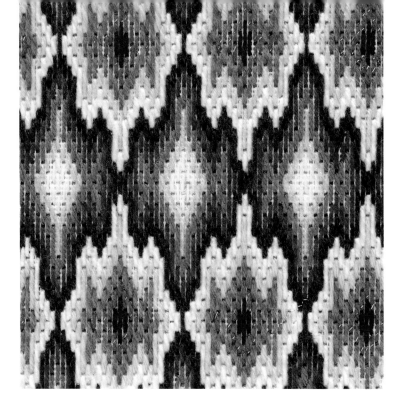

バリエーション　4

必要な材料と用具

毛糸........各5g
　＊アクリル（DK）を組み合わせて使用
インターロックキャンバス（10CT）
　22cm × 22cm（出来上がり寸法）
　＊ゆとり分として周り（上下左右）に2cm、
　大きめに用意する。
タペストリー針

Baby blue ベビーブルー
Nude with glitter ヌード（ラメ入り）
Denim デニム
Cherry pie チェリーパイ
Moody blue ムーディーブルー
Baby pink ベビーピンク
Forget-me-not フォーゲットミーノット
Pink ピンク
Iced gem with glitter アイストジェム（ラメ入り）
Forest fruit フォレストフルーツ

このランタンでは、お互いを引き立てる色が
並び、グラデーションとはひと味ちがうスト
ライプ模様が浮き上がりました。

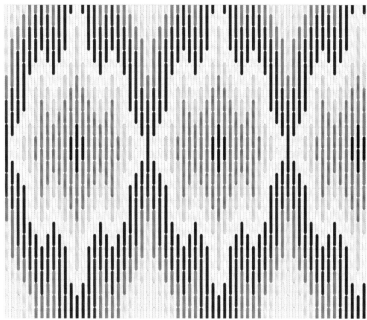

FANCY YARN
ファンシー・ヤーン

このうえなくあでやかなランタンのデザイン
（p.118参照）を、メタリックとラメ入りの
毛糸を使い、アールデコ調のクールな印象に
仕上げました。まるでバルジェロのティファ
ニーランプのよう！

Metallic optic white メタリック オプティックホワイト
Metallic turquoise メタリック ターコイズ
Metallic yellow メタリックイエロー
Metallic optic jade メタリック オプティックジェード
Jade with glitter ジェード (ラメ入り)

Old gold with glitter オールドゴールド (ラメ入り)
Turquoise with glitter ターコイズ (ラメ入り)
Fuchsia with glitter フューシャ (ラメ入り)
Metallic pink メタリックピンク
Metallic gold メタリックゴールド

LANTERNS
ランタン

ご自宅のサンルームにこんなラン
タンデザインのクッションがあっ
たら、どんなに素敵でしょう。ト
スカーナ風の自然な色合いがリ
ラックス空間にマッチしています。
耐久性があり、柔軟なデュオキャ
ンバスを使い、布いっぱいにラン
タンのパターンを刺し埋めました。

応用編

さらに広がるバルジェロの世界

これまでに紹介したデザインを実際に使うときがやってきました。
「エッジとボーダー」(p.128〜137) では、
チェーンや互い違いのストライプ（縞模様）に加え、
さまざまなスパイラル・バンドのテクニックを習得します。
「テクスチャーとキャンバスワーク」(p.138〜147) では、
バルジェロのアイデアとほかのステッチワークを
組み合わせるきっかけをもたらします。
「フリースタイリング」(p.148〜p.155) では、
今までに登場したデザインを生かしてさらなる上を目指し、
あなた自身のユニークでオリジナルな作品を完成させてみましょう。

SPIRAL BANDS
スパイラル・バンド

スパイラル・バンドは、バルジェロのエッジワーク（輪郭作り）になくてはならないものです。ここでは、一番シンプルな形を紹介しています。見ためが印象的なだけでなく、用途の広いステッチです。

カーブ・ステッチを練習するのにも適した素晴らしいデザインです。流れるようなカーブは、シングル・ステッチ（1本のステッチ）で高さを、パラレル・ブリック・ステッチで広がりを表現していきます。こうすることで、ボーダーの寸法に合わせて埋めることができるのです。

もともと、このデザインは呼び鈴につける帯状の紐やドレープに使われていました。現代のバルジェロでは、壁掛けの枠、ランプシェードやクッションの縁取り、そしてバースデーカードなどにも使われています。

まず、左下の隅からシングル・ステッチで刺し始め、ペアや複数に徐々に増やしていきます。センターから対称にすることを常に頭に入れて刺し進めてください。

使用したステッチ
クライミング・ブリック・ステッチ（p.16 参照）
パラレル・ブリック・ステッチ（p.17 参照）
カーブ・ステッチ（p.18 参照）
スコティッシュ・ステッチ（p.19 参照）

1 2 3 4 5

- ○ Bright lemon ブライトレモン
- ◐ Fields of gold フィールズオブ ゴールド
- ● Burnt orange バーントオレンジ
- ● Ladybird レディバード
- ● Claret クラレット
- ● Forest fruit フォレストフルーツ
- ○ White ホワイト
- ○ Steel grey スティールグレー
- ● Black ブラック

クラレットから明るいレモンといった、秋の色をグラデーションに用いて、柔らかな曲線を作りました。モノクロの色調を使うと、力強く、はっきりした仕上がりになり、目の錯覚効果ももたらされます。

CROSSED SPIRAL BANDS

クロスト・スパイラル・バンド

クロスト・スパイラル・バンドは、たった4色のバンドを使って作られます。スパイラル・バンド（p.128参照）のように柔軟性があり、ボーダー（縁取り）のスペースが狭くても広くても用いることができるのです。

この例からわかるように、ボーダーの高さによって、中心の円が丸になるのか楕円になるのか大きく変わります。これは、ステッチの目数と段をどう設定するかによって決まってきます。

左端から始めて、ボーダーの高さ全体を刺し、中央のステッチから逆戻りするように針を進めると、デザインが出来上がっていきます。このデザインは、シングル・ステッチではなく、パラレル・ステッチを多く使う点がスパイラル・バンドと異なりますので、寸法を合わせる際にはこのことに気をつけてください。

使用したステッチ

クライミング・ブリック・ステッチ（p.16参照）
パラレル・ブリック・ステッチ（p.17参照）
カーブ・ステッチ（p.18参照）
スコティッシュ・ステッチ（p.19参照）

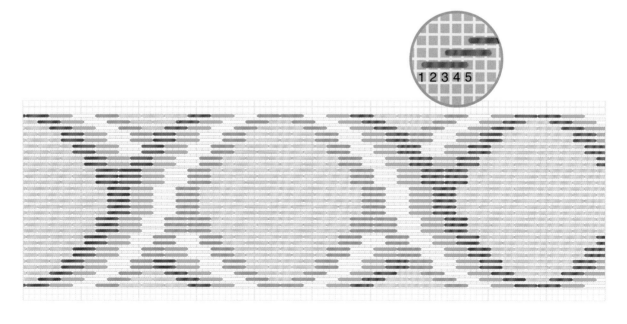

1 2 3 4 5

- ● Raspberry ラズベリー
- ○ Jade ジェード
- Primrose プリムローズ
- ● Lavender ラベンダー

Baby blue ベビーブルー
Baby pink ベビーピンク

このボーダーでは、4色以上を使用すると形が損なわれてしまいます。このクロスト・スパイラル・バンドには、パステルの色調を合わせてみましたが、バルジェロの色味のグラデーションでも、大胆な色使いでも同じように魅力的に仕上がるでしょう。

DIAGONAL STRIPES
ダイアゴナル・ストライプ

シンプルながら効果的なデザインを生み出すダイアゴナル・ストライプ。ボーダーや背景に用いるほか、メインのデザインにも向いています。

このデザインの基本は、一対になったクライミング・ブリック・ステッチです。ステッチの本数は変えられますが、各工程で同じ数に揃えておかないと、斜めの見ためを作り上げることはできません。ステッチの目数も変更できますが、次のステッチを前のステッチの真ん中から刺し始めるので、奇数の目数（たとえば 1〜3、1〜5、1〜7）のステッチにしておくというルールがあります。

使用したステッチ
クライミング・ブリック・ステッチ（p.16 参照）
パラレル・ブリック・ステッチ（p.17 参照）
リーフ・ステッチ（p.20 参照）

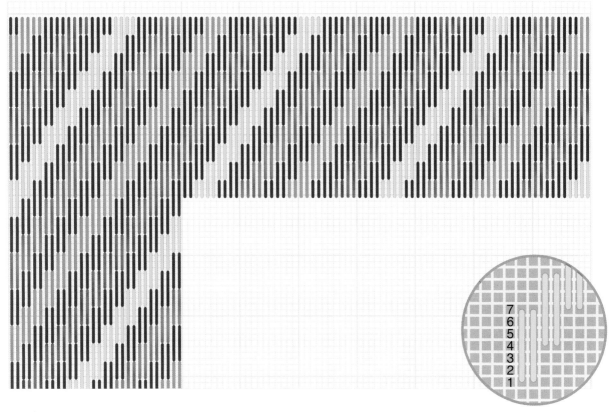

- ● Chocolate チョコレート
- ● Neon orange ネオンオレンジ
- ● Neon pink ネオンピンク
- ○ Neon green ネオングリーン
- ● Coral コーラル

このデザインの色の組み合わせについては、想像力を働かせて思い切った配色を考えてみましょう。ここでは、ネオンカラーを交互に使って、ベーシックなストライプにしましたが、2色使いでも、限りない数の色を使っても、はっきりしたストライプやバルジェロのグラデーションをめいっぱい作ることができます。

CHAINS

チェーン

チェーンは、ニードルワークの何世紀にも渡る歴史の中で、クッションやドレープ、室内装飾品に使用されてきた古典的なボーダーです。

決められたデザインのため、サイズ変更は容易ではありません。背景のステッチ（この例ではフィールズオブゴールドの部分）であれば、ボーダーのサイズに合うようにステッチを延長して調整することもできますが、ぴったり計算されたデザインなので、必ず最初に寸法と目数を測るようにしてください。

斜めのステッチのほとんどは7目で刺していきますが、角と継ぎ目は、目数の少ないステッチ（3目から7目）を使って、バンドが交差するところに収まるようにします。チェーンの中心には垂直のスコティッシュ・ステッチがあり、補完的な色または背景と同じ色にすることができます。背景は最後に刺し埋めます。

角は一番手間のかかる部分です。そのため、ここでは2つの手法を紹介しています。外側の角では、次のバンドに向かって横にまっすぐ刺して、内側の角では斜めに刺しています。

使用したステッチ
クライミング・ブリック・ステッチ（p.16 参照）
スコティッシュ・ステッチ（p.19 参照）
リーフ・ステッチ（p.20 参照）

- Azure アズール
- Burnt orange with glitter バーントオレンジ (ラメ入り)
- Pale lemon ペールレモン
- Fields of gold フィールズオブゴールド

このサンプラーの色の組み合わせには、インカの芸術品でよく見かける自然の色を強調して取り入れてみました。

FUSED SPIRAL BANDS

フューズド・スパイラル・バンド

これはスパイラル・バンドの中で最も高度なデザインですが、
視覚的には最も作りがいのあるデザインの１つです。

ここでも、ステッチの数を調整して、ボーダーのスペースに合わせてデザインのサイズを
変えることはできますが、色数やバンドの数を調整することはできません。
p.137 のサンプラーを見ていただくと、上段と下段ではステッチのサイズを変更しているこ
とがわかります。上段は、細身のスパイラル（らせん）にするため、3 目だけ刺しています。
より広い幅のキャンバス上に細身のスパイラルを作りたいときは、ステッチの目数を増や
すことで対応できます。
すべてのスパイラル・バンドのデザインと同じように、キャンバスの左端から刺し始めて、
ボーダーの幅に合わせて最初の列を作っていきます。チャート通りにデザインの残りの部
分を刺し、各バンドの終わりの部分でステッチの 1 つのセクション（1 ステッチまたは連
続したパラレル・ステッチのいずれか）を省略して、次の一連のバンド用のスペースを作
ります。

使用したステッチ
クライミング・ブリック・ステッチ（p.16 参照）
パラレル・ブリック・ステッチ（p.17 参照）
カーブ・ステッチ（p.18 参照）
スコティッシュ・ステッチ（p.19 参照）

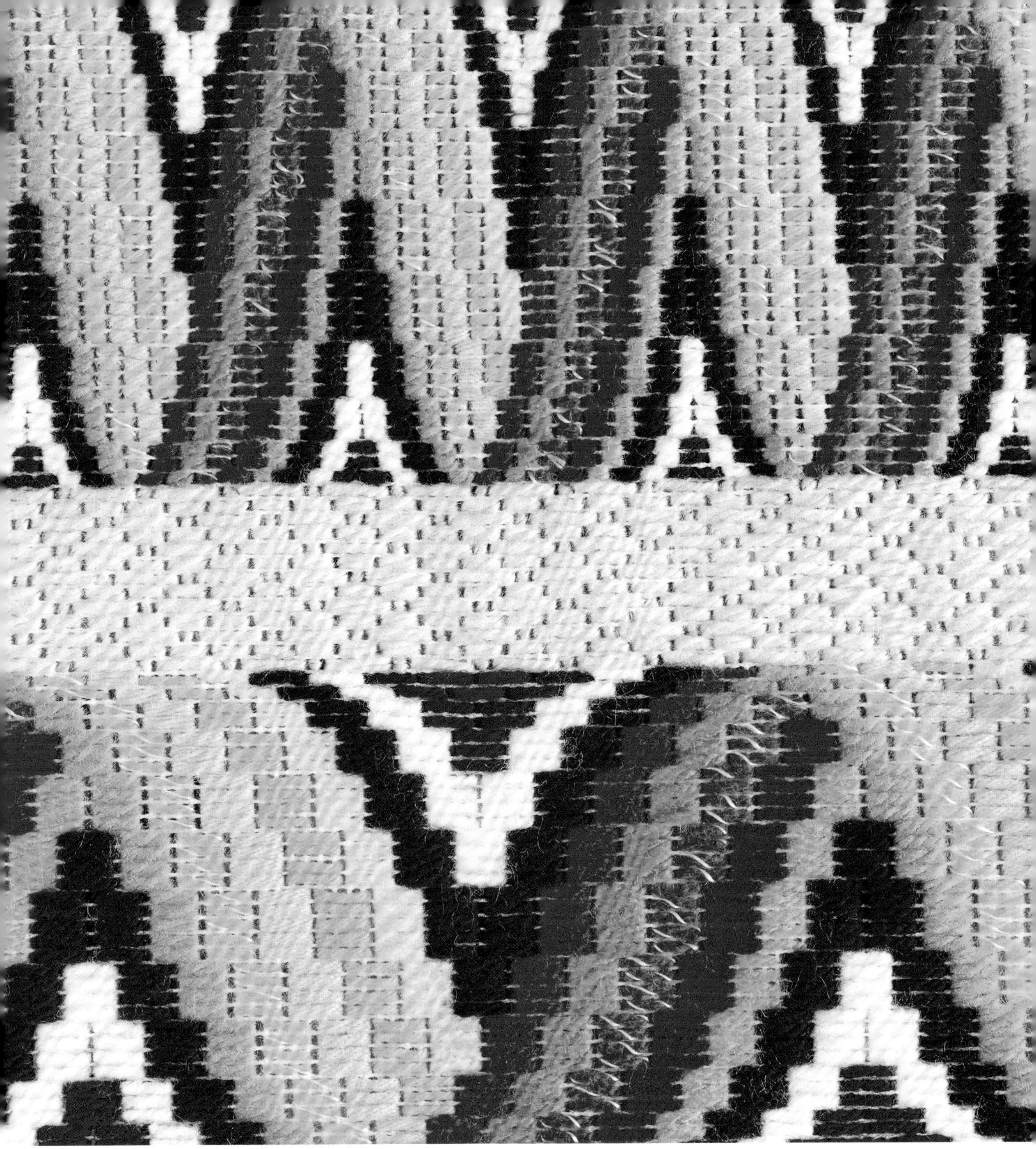

- Mustard マスタード
- Apricot with cotton fleck アプリコット(コットン糸入り)
- Soft gold ソフトゴールド
- Mango マンゴー
- Nude ヌード
- Burgundy バーガンディー
- Cream クリーム
- True red トゥルーレッド
- Raspberry ラズベリー
- Rose ローズ
- Raspberry with cotton fleck ラズベリー(コットン糸入り)
- Fuchsia フューシャ
- Pink ピンク

このサンプラーでは、夏のフルーツの色合いを組み合わせています。バルジェロのグラデーションでスパイラルの流れを強調してみました。

CLIMBING BRICK STITCH

クライミング・ブリック・ステッチ

最もシンプルなステッチで、背景を埋めるためによく使われています。バルジェロが初めての人には、初心者用のサンプラーとしてもおすすめのデザインです。

かつてはゴベリン・フィリング・ステッチと呼ばれ、この本では全体を通してクライミング・ブリック・ステッチとして登場し、キャンバスを上下の縦方向に刺し進めていきます。
ペールアクアからダークオリーブといったグリーンの色調が中心に向かって出合うグラデーションを作りました。この作品の一番の決め手となるのが、微妙に異なる色合いです。
２段の中心線を形成し、各色を２段ずつ上下に重ねています。明るい色から暗い色、暗い色から明るい色へと変化するなかで、小さくて統一感のあるステッチがドラマチックな見ためを作り出し、さまざまな作品に応用できます。刺し方の詳細は、クライミング・ブリック・ステッチ（p.16）を参照してください。

使用したステッチ
クライミング・ブリック・ステッチ（p.16 参照）

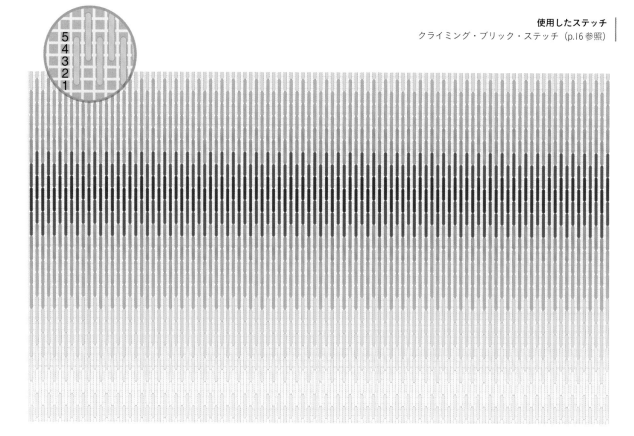

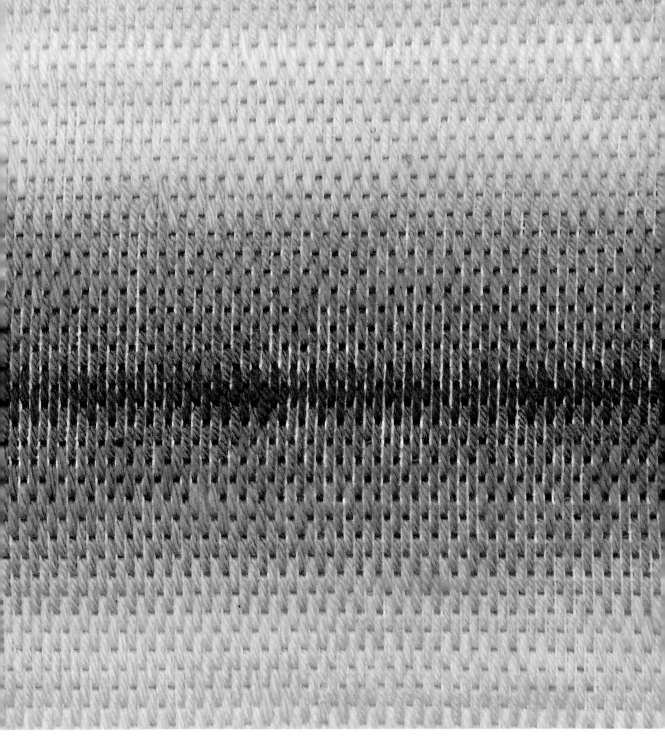

- ● Dark olive ダークオリーブ
- ● Orchard オーチャード
- ● Olive オリーブ
- ● Scouting green スカウティング グリーン
- ● Seaweed シーウィード
- ● Lime green ライムグリーン
- ● Pear ペアー
- ● Pale green ペールグリーン
- ● Mint ミント
- ● Pale aqua ペールアクア

濃いオリーブからうっすらとしたミントにいたるグリーンの世界。このデザインは、シンプルなステッチだけでも色使いによって魅力的なデザインになることを教えてくれます。

LEAF STITCH
リーフ・ステッチ

この構造的なステッチを使えば、奥行きとテクスチャーを素敵に表現することができます。木の葉や鳥の羽のような背景として使われることもありますが、ここでは、このステッチだけで作り上げることのできる美しさを紹介しています。

キャンバスの左端のどこから刺し始めてもよく、横方向に進めていきます。最初のステッチ（上に10目、横に7目）のボックスを決め、リーフを1枚ずつ仕上げて、次のリーフの側面が先に仕上げたリーフの側面（斜めステッチ3段）に触れるように刺していきます。葉の先端の間のギャップが、上の段のリーフのつけ根の部分です。この方法の詳細は、下のチャートに記載しました。詳しい刺し方は、リーフ・ステッチ（p.20）を参照してください。

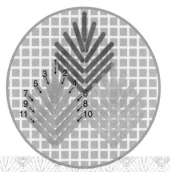

使用したステッチ
リーフ・ステッチ（p.20参照）

- Fields of gold フィールズオブゴールド
- Dusky rose ダスキーローズ
- Yellow green イエローグリーン
- Forest fruit フォレストフルーツ

モダンな色味のイエローグリーン、ダスキーローズをフォレストフルーツとフィールズオブゴールドという贅沢な秋の色と合わせました。独創的な4色が、この古典的なステッチに新たな息吹を吹き込んでいます。

DOUBLE CROSS STITCH
ダブル・クロス・ステッチ

ダブル・クロス・ステッチは簡単にできるステッチで、触り心地のよいしっかりしたニードルワークの作品が作れます。

小さいステッチながらしっかりとした作品を作ることができるので、クッションや壁掛けなどにおすすめです。カーテンやタペストリーなどの大きな室内装飾品を作ってみるのもよいかもしれません。背景としても頼もしい存在です。

まずシンプルにクロス・ステッチで始め、斜めに小さなクロスをかぶせて、8つの頂点のある星を作ります。これを全体で繰り返すという、大変シンプルなステッチです。パターン化しやすく、2色使いや、このサンプルのようにグラデーションにもできます。

ここでは、斜めの段にオーシャンブルーからミッドナイトの9色のブルーを用いて25ステッチの正方形を刺して、幾何学的なグラデーションを作ってみました。四角の大きさを変えたり、違うモザイクにしてみたりと、このパターンの可能性を楽しんでみてください。

● Midnight ミッドナイト
● Indian ink インディアンインク
● Sapphire サファイア
● Denim デニム
● Azure アズール

○ Sky blue スカイブルー
○ Turquoise ターコイズ
○ Light Prussian blue ライトプルシアンブルー
○ Ocean blue オーシャンブルー

情感あふれるブルーがダブル・クロス・ステッチの美し
い市松模様の空を作り上げています。

PYRAMIDS

ピラミッド

あっさりしたクロス・ステッチと段々の幾何学模様のラインだけで、バルジェロのテクニックを使わずにバルジェロらしさを出した印象的な作品です！

このデザインは、フローレンタイン／ハンガリアンのバルジェロではなく、歴史あるアメリカの伝統的なバルジェロキルトとその驚くべき幾何学的な色のグラデーションに影響を受けました。

キャンバスを横切るように刺しますが、中央の３つのクロス・ステッチの段から始めて、上に向かって４つのクロスと横に３つのクロスのブロックを組み立てて、段々のピラミッドを形成するブリック（レンガの壁）を作っていきます。ライラックの色合いから濃いパープルへと12色を用いて、バルジェロのグラデーションを再現しました。

このテクニックを使うとまさにバルジェロといえるデザインになるのです。ニードルワークの手法としてクロス・ステッチを知っておけば、それ自体を楽しむだけでなく、バルジェロデザインに組み込むこともでき、ニードルワークの幅が広がるでしょう。ぜひ新しいことに挑戦して可能性を高めていってください。

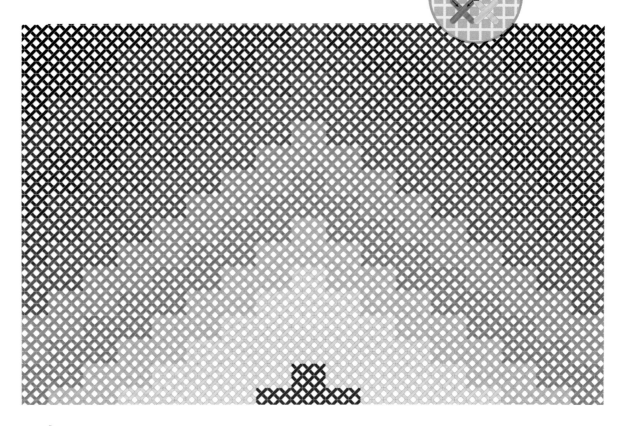

●	Darkest purple	ダーケスト パープル
○	Grey lilac	グレーライラック
○	Lilac	ライラック
●	Scots heather	スコッツヘザー
●	Fluorescent purple	フローレッセント (蛍光色)パープル
●	Lavender	ラベンダー

●	Purple steel	パープルスティール
●	Purple	パープル
●	Revolution	レボリューション
●	Indigo	インディゴ
●	Pansy	パンジー
●	Royal purple	ロイヤルパープル

自然の中で見つけた色と規則的な形が出合いました。パンジーの花びらや上品なヘザーの花の豊かなパープルの世界が広がります。

HEXAGONS
ヘキサゴン

背景として使われることが多く、見落とされることもあります
が、スコティッシュ・ステッチは、まるでキルティングされた
表面のように滑らかな手触りを与えてくれます。

スコティッシュ・ステッチ（垂直バージョンは p.19 参照）の、斜めバージョンで、5目×
5目を斜めに刺して四角を作ります。まず、左上の隅に3目のステッチを刺し、右下に4
目のステッチ、その隣に5目のステッチを刺します。続けて4目と3目のステッチを刺して、
四角を完成させます。独特の仕上がりになるパターンなので、作業しながら頻繁にチェッ
クすれば、間違いを見つけても早めに直すことができるでしょう。

使用したステッチ
スコティッシュ・ステッチ（p.19 参照）

- ◯ Pale peach ペールピーチ
- ◯ Peach ピーチ
- ◯ Tangerine タンジェリン
- ◯ Orange オレンジ
- ◯ Neon orange ネオンオレンジ
- ◯ Vintage peach ビンテージピーチ
- ◯ Tan タン
- ◯ Fox フォックス
- ◯ Rust ラスト

オレンジの色調のペールピーチからラストにいたる9色の色合いを使いました。キャンバスを斜めに流れるようなグラデーションが、暖かくロマンチックな雰囲気を与えています。

BLAZING BAUBLES
ブレージング・ボーブル

ポメグラネイト（p.68参照）とランタン（p.118参照）のテクニックを取り入れたオリジナルデザインです。

ブレージング・ボーブルは、レモンとひし形の外側の輪郭を作ることから始め、外側の輪郭から内側に向かって円状に刺し進めます。お好みに合わせて、時計回りにするか反時計回りにするか、どちらかに決めてください。ひし形は主にクライミング・ブリック・ステッチとパラレル・ブリック・ステッチで、最も濃いパープルから始めて、ここでも外側から中心に向かって刺し進めます。
このデザインでは、より小さい統一されたステッチを繰り返していくので、インテリア用品やクッション、小物や壁掛けなど幅広く使えます。色も応用が効きますし、テクスチャーや毛糸を変えてもうまくいくデザインですが、ストライプや色を交互に変えたりするのはデザインの鮮明さが失われるため、避けたほうがよいでしょう。

- Scots heather スコッツヘザー
- Mustard マスタード
- Sunshine yellow サンシャインイエロー
- Classic yellow クラシックイエロー
- Lemon レモン
- Pale lemon ペールレモン
- Revolution レボリューション
- Fluorescent purple フローレッセント（蛍光色）パープル

ブレージング・ボーブルのこのバージョンでは、バルジェ
ロのモダンなグラデーションをイエローとパープルの色
合いで表現しました。

REFLECTED HUNGARIAN POINT MOTIF

リフレクテッド・ハンガリアン・ポイント・モチーフ

ハンガリアン・ポイント・モチーフは、伝統的なバルジェロ作品に欠かせないデザインです。何世紀にも渡って数多くの家具装飾品や壁掛けに取り入れられてきました。

レッドのモチーフの最も低い段をキャンバスの左端から始めて、グリーンにぶつかるところまで刺し進め、上の部分を対称にして下の部分のモチーフを作ります。2つの長いステッチの後に4つの短いステッチが調子よく続いていれば、正しく刺せています。ハンガリアン・ステッチ（p.22-23 参照）を続けてください。

背景は一見すると複雑に見えますが、モチーフの両側の斜めの段の長いステッチに従って、同じことを小さいモチーフでも繰り返すことがポイントです。ジグザグの段階が終わったら、クライミング・ブリック・ステッチで埋めれば作品の完成です。色合いを変えるために違う色のモチーフを組み合わせてもいいですが、背景はすべて同じ色1色か、同系色の色合いを用いることをおすすめします。

● Claret クラレット
● Cherry red チェリーレッド
● Ladybird レディバード
● Signal red シグナルレッド
● Olive オリーブ
● Lemongrass レモングラス

● Pea green ピーグリーン
● Lime ライム
● Neon yellow ネオンイエロー
● Gold lur ex ゴールドルレックス
● Champagne with glitter シャンパン（ラメ入り）

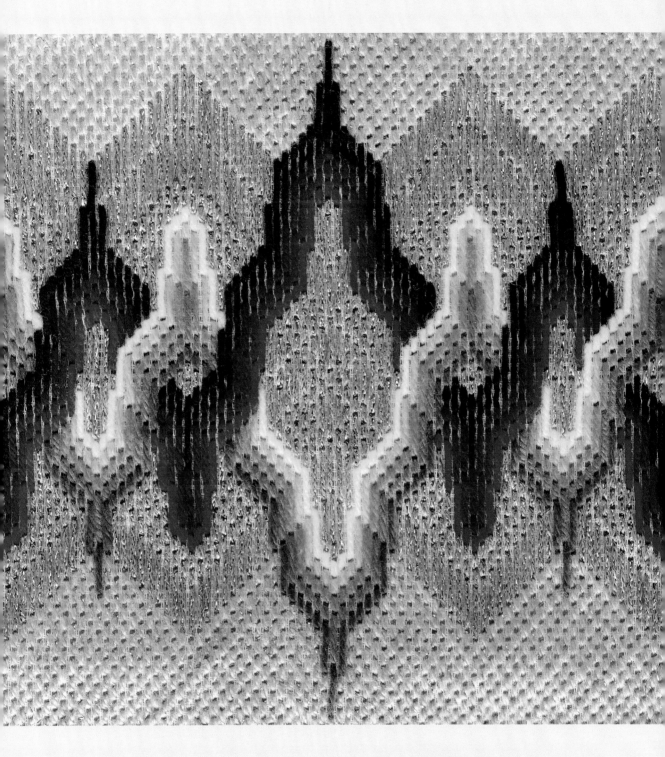

イタリア風の豊かな色合いが印象的です。入り組んだハンガリアン・ポイント・モチーフにゴールドとシャンパンの輝く背景が映えます。

LOZENGES
ロゼンジ

バルジェロの可能性を際限なく生かして、異なるデザインとステッチの要素を一堂に集めた素晴らしいデザインです。

このデザインを始めるには、まずキャンバスにロゼンジの形を描く必要があります。左側のロゼンジは、ロリポップ（p.92 参照）から取り出したスタイルを応用しました。ロゼンジの真ん中から始めて、上方向と下方向に刺し進めて完成させます。右側のロゼンジはバスケット・ウィーブ（p.76 参照）の応用ですが、ひし形の代わりに中央にペアでパラレル・ブリック・ステッチを用いています。
背景はシンプルなクライミング・ブリック・ステッチで、オーシャンブルーのバルジェロのグラデーションを巧みに取り入れ、まるでロゼンジが海に浮かんでいるかのように見せています。このデザインは簡単に変化させることができるので、この本で興味を持ったパターンを使ってロゼンジを埋めていってもよいでしょう。

Fluorescent purple フローレッセント
(蛍光色)パープル

Candy floss キャンディフロス

Fuchsia フューシャ

Forest fruit フォレストフルーツ

Rose ローズ

Dark vintage rose ダークヴィンテージローズ

Bubblegum pink バブルガムピンク

Background in 11 shadesk 背景用のターコイズ11色
of turquoise

大胆なピンクとパープル。柔らかいアクアの海のグラデーションに重なって見事に調和しています。

HONEYCOMBS
ハニカム

このデザインでは、同じように繰り返す形を互いに配置しながら、まったく異なる仕上げ方で、テクスチャーを作り出してみました。

まず、六角形のハニカムから刺し始めます。ポメグラネイト（p.68 参照）と同様の方法を用い、形状が角張ってはいますが、カーブ・ステッチのテクニックも取り入れています。
コーラルとイエローのハニカムは、イエローのひし形でアクセントを加え、コーラルで斜めの格子状のクライミング・ブリック・ステッチを展開しています。多色使いのハニカムは、カーブ・ステッチを用いて、複数の六角形が中心に向かって作られています。
このデザインは、いったんハニカムをどうするか決めたら、多くのバルジェロスタイルを応用して作ることができるものです。異なるパターンだけでなく、お互いを引き立てるパターンを組み合わせて使えば、デザインにさらに豊かなテクスチャーが加わります。六角形に取り入れるパターンの数に制限はありません。ここでは 2 種類用いましたが、お好みに応じて、すべてのハニカムを変えてみてもいいでしょう。

● Coral コーラル
○ Neon yellow ネオンイエロー
● Denim デニム
● Paradise pink パラダイスピンク
● Electric blue エレクトリックブルー

コーラルとネオンイエローがハニカムにみずみずしさを
与え、美しい夕暮れの色合いによく映えています。

Q&A

初めてバルジェロに挑戦する方に

糸や生地の選び方、日本での一般的な刺繍と本書が異なる場合の対処法、美しく刺すためのコツ、バルジェロが向いている作品について、Q&A形式でまとめました。刺繍作家の土橋のり子さんがお答えします。

■材料について

Q.1 キャンバスのインターロックキャンバスは、どんなところで購入できますか？ 種類や購入時の注意点などがあったら教えてください。

インターロックキャンバスは、刺繍材料を豊富に扱っている手芸店やネットショップなどで購入可能です。ツバイガルトのものが購入しやすいかと思います。購入時には、目の細かさに注意すること。使用する糸との相性を考えて購入しましょう。

Q.2 糸を選ぶときに気をつけることはありますか？

バルジェロには、撚りの強度が高い丈夫な糸が向いています。日本で購入可能な糸としては、DMCやAnchorのタペストリーウールなどがあります。織物用の糸もよいでしょう。

本書では通常の編み物用の毛糸の使用もおすすめしていますが、キャンバスとの摩擦に耐えきれず、刺している間に細く痩せて切れてしまう場合があります。使う場合は、十分注意しながら刺し進めていきましょう。

Q1でも触れましたが、キャンバスの目の細かさと、糸の太さの相性には十分注意しましょう。キャンバスの織糸が見えない方がバルジェロの美しさが際立ちます。

キャンバスが手に入りにくい場合は、コングレスなどに25番糸6本どりで刺すのもよいでしょう。キャンバスとは違い、柔らかく仕上がり、バッグやポーチなどにも仕立てやすいので、初めての方にも向いていると思います。

■基本の刺し方について

Q.3 刺し始め、刺し終わりの糸始末の方法について、おすすめの方法があったら教えてください（関連ページ：第1章 バルジェロの基本ステッチ p.24）。

より美しく仕上げたい場合は、玉結びの糸処理はあまりおすすめしません。玉結びをすると、その部分が分厚くなり、ハリのある糸の場合はほどけてしまう可能性もあります。裏の渡り糸に糸を通して始末する方法をおすすめします。裏の渡り糸に3目ほど針を通し、1目後ろに戻って、そこから4、5目ほど通して処理をしておきましょう。刺し始めは、刺し始めの位置から5cm（糸始末できる長さ）ほど離れたところから針を入れ、刺し始めの位置に針を出して刺繍を始めます。

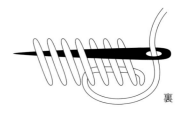

裏

Q.4 柄を刺し始めるときは、どこから刺し始めたらよいですか？

キャンバスの左端から刺し始めてもよいですが、中央から刺し始めると、左右対称に模様が出て美しく仕上がります。その場合、模様の谷か山の部分が中央にくるようにします。フレーム（p.44）やピークス（p.58）など、繰り返しパターンが大きな柄は、中央から刺し始めるとよりきれいに仕上がります。

Q.5 刺し方の順番にルールはありますか？

裏の渡り糸が長くなるように刺すとよいでしょう。この刺し方は、糸量もたくさん必要になりますが、刺繍の厚みが均等になり、より厚みを持ってしっかりと刺すことができます。図案の谷や山のところでは、糸の流れを変化させる必要があります。糸の動きは、上から下、下から上といったルールはないので、臨機応変に変化させてください。

また、すでに糸が刺されているマス目に再度刺す際は、布の裏から針を出すのではなく、表から針を入れると、すでに刺してある糸を割ることなく、きれいに仕上がります。

■美しく仕上げるコツ

Q.6 ステッチをきれいにそろえる刺し方はありますか？

糸には撚りがあります。タペストリーウールにも撚りがありますが、長く糸を取ると刺して行く途中でその撚りがほぐれてしまう場合があります。そのときは、針を回して撚りを戻してあげながら刺しましょう。それでもきれいに撚りが戻らない場合は、新しい糸に交換しましょう。
ウールの糸は、撚りがほぐれやすく、特にキャンバスの硬い生地の摩擦で糸が弱りやすいので、あまり長く糸を取らないことが美しく刺すコツでもあります。

Q.7 刺し間違えたときの丁寧な修復方法について教えてください。

刺し間違いに気づいたときは、距離が短ければその位置まで戻って刺し直します。もし、ずっと先まで刺していて、その場所だけを修正する際は、間違った地点で糸を切り、糸の処理ができるくらいまで前後の糸をほどきましょう。そして、Q.3で説明した、刺し始め、刺し終わりの糸始末の方法にしたがって、それぞれの糸を処理し、抜いた部分には新しい糸を使って正しく刺し直しましょう。

Q.8 ステッチを組み合わせて自分でデザインしたいのですが、どうすればよいでしょうか？

まず、何に仕上げるかを考え、作品のサイズ出しをしましょう。そこから生地目の細かさで仕上がりのサイズが何目で出来ているかを算出できます。図案のピッチ（繰り返しパターン）を参考にしながら、ときにはボーダーを入れたり、小さな模様を配置したり、組み合わせていくと楽しいでしょう。

■バルジェロの作品づくり

Q.9 バルジェロが活かせる作品にはどんなものがありますか？

バルジェロの楽しさは、グラデーションや色合わせにあります。ダイナミックな柄を好みのグラデーションで構成する楽しさはバルジェロならではのものです。
バッグやタペストリーはもちろん、クッションなどのインテリア小物を作るのも楽しいでしょう。キャンバスを生かして立体作品に仕上げるのも面白いと思います。
コングレスなどの生地を使えば、ポーチなどの小物にも仕立てやすいので、可能性は無限です。

Q.10 作品に仕立てるとき、ほかの布との縫い合わせ方法について教えてください。

キャンバスはほどけることもないので、縫い代は1～1.5cmもあれば十分です。カットしても問題ありません。
布と縫い合わせる場合は、ミシンで縫うことも可能です。
そして、手縫いの場合は、縫い代をきっちりと裏側に折り返し、突き合わせにして縫いつけることもできます。

日本での一般的な刺繍と異なる点について

ステッチの目を数える場合、本書では、生地の穴を数えていますが（p.16参照）、日本では、織糸を数えて何目またぐかを数え、目数ととらえます。
また、クロスステッチは、本書では右上から左下に刺す目が上に重なっていますが（p.144参照）、日本では、メの字のように左上から右下に刺す目が上に重なります。
ステッチを刺し進める際の裏の渡り糸も、渡り糸が長くなるように刺すと糸量は多くなりますが、表から見ても糸の流れが美しく見えます。
このように国により異なる点がいくつかありますが、どちらが正しいということはありません。ご自身のやりやすい方法で進めてください。

材料提供

SIRDAR
WEST YORKSHIRE
Est_1880

Sirdar Holdings Limited
Flanshaw Lane,
Wakefield, West Yorkshire
WF2 9ND UK

www.sirdar.com
Tel: 01924 371501
Order email: ORDERS@SIRDAR.CO.UK

Social media
Facebook: KnitSirdar
Instagram: @knitsirdar

ZWEIGART®
THE needlework fabric

Zweigart
www.zweigart.de

バルジェロ刺繍
－基本のステッチと76点の図案集－

2021年2月25日 初版第1刷発行
著者 ローラ・アンジェル＆リンジー・アンジェル
（©LAURA ANGELL&LYNSEY ANGELL）

発行者 長瀬 聡
発行所 株式会社グラフィック社
　　　 〒102-0073 東京都千代田区九段北1-14-17
　　　 Phone:03-3263-4318　Fax:03-3263-5297
　　　 http://www.graphicsha.co.jp
振　替 00130-6-114345

和文版制作スタッフ
監　修 土橋のり子
翻　訳 近藤カリシャー 宣子
デザイン 恩田 綾
編　集 須藤敦子
制作・進行 竪山世奈（グラフィック社）

ISBN978-4-7661-3440-7 C2077
Printed in China